III\ 见识城邦

更新知识地图　拓展认知边界

Müdigkeitsgesellschaft

Byung-Chul Han

倦怠社会

[德]韩炳哲 著　　王一力 译

中信出版集团 | 北京

图书在版编目（CIP）数据

倦怠社会 /（德）韩炳哲著；王一力译 . -- 北京：中信出版社，2019.6 (2025.12 重印)

ISBN 978-7-5217-0469-3

Ⅰ . ①倦… Ⅱ . ①韩… ②王… Ⅲ . ①社会批判论—研究 Ⅳ . ① C91

中国版本图书馆 CIP 数据核字 (2019) 第 085315 号

倦怠社会

著　　者：［德］韩炳哲

译　　者：王一力

出版发行：中信出版集团股份有限公司

　　　　　（北京市朝阳区东三环北路 27 号嘉铭中心　邮编　100020）

承 印 者：北京通州皇家印刷厂

开　　本：880mm × 1230mm　1/32　　印　　张：3.75　　字　　数：72千字

版　　次：2019年6月第1版　　印　　次：2025 年12月第30次印刷

京权图字：01-2019-2519

书　　号：ISBN 978-7-5217-0469-3

定　　价：35.00元

服务热线：400-600-8099

投稿邮箱：author@citicpub.com

目　录

外二篇

前言　倦怠的普罗米修斯

普罗米修斯神话可以被解读为刻画现代功绩主体（Leistungssubjekt）心理机制的隐喻，即对自身施加暴力，同自身发动战争。功绩主体幻想自己身处自由之中，实际上却如同被缚的普罗米修斯。一只鹫鹰每日啄食他的肝脏，肝脏又不断重新生长，这只恶鹰即是他的另一个自我，不断同自身作战。如此看来，普罗米修斯同鹫鹰的关系是一种自我指涉关系，一种对自我的剥削。肝脏自身并无痛觉，而由此导致的疼痛感即是倦怠感（Müdigkeit）。普罗米修斯作为自我剥削式主体被一种永无止境的倦怠感攫住。他是倦怠社会（Müdigkeitsgesellschaft）的原初喻象。

卡夫卡对“普罗米修斯”这则神秘莫测的寓言进行了有趣的改造：“诸神累了，老鹰累了，伤口在倦怠中愈合了。”卡夫卡在此呈现了一种有治愈功能的倦怠，这种倦怠不会撕裂伤口，反而使之愈合。“伤口在倦怠中愈合了”——本文也将聚焦于对治愈性倦怠的思考。这种倦怠感并非由不受约束的发展、升级导致，而是来自一种有益的自我降解。

精神暴力

每个时代都有其占据主流的疾病。例如历史上的细菌时代，随着抗生素的发现而走向终结。尽管我们对于大型流感仍然怀有强烈的恐惧，然而如今我们已不再身处病毒时代。有赖于免疫科学的发展，我们已经摆脱了这一历史阶段。从病理学角度看，21 世纪伊始并非由细菌或病毒而是由神经元主导。各种精神疾病，如抑郁症、注意力缺陷多动症（ADHS）、边缘性人格障碍（BPS）或疲劳综合征（BS）主导了 21 世纪初的疾病形态。它们不是传染性疾病，而是一种梗阻病，不是由免疫学上他者的“否定性”导致，而是由一种过量的“肯定性”引发。免疫科技以抵御外来者的负面影响为基础，从此失去了往昔的地位。

20 世纪是免疫学的时代。在这一时期，内外、友敌、自我和他人之间存在着清晰的界限。冷战也遵循了这种免疫学模型。20 世纪的免疫学范式中充斥着冷战话语，由一种严格的军事化规则控制。攻击和防御主导着免疫学式行动。这种免疫学原则超越生物学范围，到了社会领域，最终蔓延至整个社会层面，一种盲目性被烙印其中：对一切陌生之物，都采取防御措施。免疫防御的对象即是这种陌生之物。即便陌生者毫无恶意，即便他不会产生任何威胁，仍然会基于他的“他者性”（Andersheit）而受到排挤。

近年来出现的种种社会理论，都明显以免疫学诠释模型为基础。免疫学话语的流行并非意味着，当今社会比过去更加受制于免疫学原则。一种范式自身成为反思的对象，这往往标志着该范式的衰落。近年来已经悄然发生了一场范式的转移。冷战的结束就发生在这场范式转移的进程中。[1] 当今的社会状况，更加彻底地摆脱了免疫机制和防御模式。他者性（Andersheit）和陌生性（Fremdheit）的消失标志着这种转变。他者性是免疫学的根本范畴。一切免疫反应都是面对他者的反应。现在，“差异”（Differenz）取代了他者，不再引起免疫反应。后免疫学、后现代式差异不再导致疾病。在免疫学层面上，它们是等同的。[2] 过去，在陌生者（Fremdheit）的刺痛下，产生激烈的免疫反应，如今这些在差异性中消失殆尽。陌生者被弱化为一种消费用语。陌生性让位于异国情调。游客们在旅行中寻觅它的踪迹。游客或顾客不再是免疫学式主体。

埃斯波西托（Roberto Esposito）的免疫理论也建立在一个错误的假设之上。他认为：“过去几年中，任意哪一天的报纸，也许甚至在同一版面，从表面看来都报道了不同的事件。例如，对抗一种新型传染病的爆发，反对被指控侵犯人权的外国首脑的引渡申请，加固抵制非法移民的壁垒，以及清除最新电脑病毒的策略。这些现象之间有何共通之处？如果人们将它们置于各自所属的领域——医学、法学、政治学和电脑科技中单独观察，那么它们之间毫无关联。然而，如果换一种诠释范畴，情况也随之发生变化。这种诠释范畴自身的特殊性在于，它能够横向剖析各种独立的话语，将它们汇聚至同一个意义视域（Sinnhorizont）之中。如同本书标题所显示，我将这一范畴称为‘免疫’。……忽略其措辞的多样性，上述的种种现象全部都指向同一种机制，即面对危险侵袭时的保护反应。”[3] 埃斯波西托援引的案例中没有一则表明，我们正身处一个免疫学时代。如今所谓的“移民者”不再是免疫学上的“他者”(Anderer)，也不是具有真正危险性、引发恐惧的“陌生人”（Fremder）。移民或难民更多地被视为一种负担，而不是威胁。电脑病毒问题也不再导致严重的社会动荡。埃斯波西托在他的免疫学分析中无一例外地援引了过去的事件，而非当下的现状，这种选择绝非偶然。

免疫学范式和全球化进程彼此不能相容。免疫反应唤起了对他者的感知，这与消除界限的进程相违背。按照免疫学原则组织的世界具有独特的地貌。它由种种边界、通道、门槛、围栏、沟渠和城墙组成。它阻碍全球沟通和交流的进程。一种普遍的混杂无序控制了当下的一切生活领域，免疫学上的他者的缺失和普遍的混乱，二者互为条件。杂糅性（Hybridisierung）不仅主导着当下的文化理论话语，同时也操控了现今的一切生活体验，这与免疫原则恰恰相反。免疫学上的知觉过敏 (Hyperästhesie) 不能容忍杂糅性。

免疫学的基本特征是否定的辩证法。免疫学上的他者是否定的，侵入自我个体并试图否定它。如果自我不能够反过来否定侵略者，它将在他者的否定下走向灭亡。通过这种否定之否定，完成了免疫学上自我持存（Selbstbehauptung des Eigenen）。自我抵御了否定性的他者，从而确立自身。预防式治疗，即注射疫苗，也同样遵循了否定的辩证法。一小部分他者被允许进入主体，由此触发免疫反应。否定之否定，这种情况不导向死亡，由于免疫反应并未与他者直接对峙。人们甘愿对自身施加少许暴力，为了避免更大的、致命的危险。他者的消失意味着，我们生活的时代缺乏否定性。21 世纪的精神疾病也遵循一种辩证逻辑，但并非否定的辩证，而是肯定的辩证。它是一种由过量的肯定性导致的疾病状态。

暴力不仅源于否定性，也源于肯定性；不仅来自他者或外来者，还来自同类。鲍德里亚明确指出了这种肯定性的暴力，他写道："谁依靠同类存活，也将由于同类而死。"[4] 鲍德里亚还论及"一切现存体制的肥胖症"，包括信息、交流以及生产系统。目前尚不存在针对肥胖症的免疫反应。然而鲍德里亚却从免疫学角度描述了同类的极权主义，这也正是其理论的弱点，"这绝非偶然，人们现在如此频繁地讨论免疫、抗体、移植和排泄物。在一个匮乏的时代，人们专注于吸收和同化。而在过剩的时代，问题是如何排斥和拒绝。普遍的交流和信息过剩正在威胁全体人类的免疫机制。”[5] 在一个由同类控制的系统中，只能在一种比喻的层面上谈论免疫反应。从严格意义上讲，免疫反应仅针对他者和外来者。同类之间不能产生抗体。在一个由同类控制的体系中，增强免疫反应是毫无意义的。我们必须区分免疫式和非免疫式的排斥反应。后者来自过量的同类、过剩的肯定性，否定性并未参与其中。它也不是一种排他反应，这种反应需要免疫学上的内部空间为前提。相反，免疫反应则不取决于数量，它只针对他者的否定性。免疫学主体为了保护其内部空间而抵抗他者，将其排除在外，无论他者的数量多么微不足道。

由过度生产、超负荷劳作和过量信息导致的肯定性暴力不再是“病毒性的”。免疫反应无法与之沟通。由过量肯定性引发的排斥反应不等同于免疫反应，而是一种消化神经上的功能异常和障碍。由于过量导致的疲乏、困倦和窒息感也并非免疫反应。它们都是神经暴力引发的现象，由于它们不是由免疫学的他者所致，因此是非病毒性的。鲍德里亚的暴力理论中充满了论证上的偏差和混乱，因为这种理论试图用免疫学方式描述肯定性或同类的暴力，尽管没有他者参与其中。他写道：“它是一种病毒性暴力，一种网络的、虚拟的暴力。一种温和却具有毁灭性的、遗传学的、交流式的暴力；一种对立双方共识的暴力……这种暴力是病毒性的，因为它并不正面作战，而是通过传染、连锁反应或消除一切免疫力来侧面进攻。和否定性的、历史上的暴力不同，这种暴力通过过量的肯定性发挥作用，如同无止境地蔓延、生长和转移的癌细胞。在虚拟世界和病毒传播之间存在隐秘的关联。”[6]

按照鲍德里亚的敌对关系谱系学（Genealogie der Feindschaft），第一个阶段的敌人以狼的形象出现。他是一个“外部的敌人，发起攻击，人们通过修建防御工事和城墙来阻挡敌人”[7]。在第二个阶段，敌人呈现为老鼠的形态。敌人在地下暗中行动，人们通过卫生措施将其清除。经历了第三个阶段即甲虫阶段之后，敌人最终以病毒的形式出现：“第四个阶段是病毒，它事实上活动于第四维空间中。人们很难对抗病毒，因为它们位于系统的中心。”[8] 由此产生了一个“幽灵般的敌人，弥漫于整个空间，如同病毒一般四处渗透，侵入每一处权力的裂痕之中”[9]。病毒性暴力从各自的独特性出发，作为沉睡细胞如恐怖分子一般潜伏在系统中，并试图从内部侵蚀整个系统。恐怖主义成为病毒性暴力的主要形式，在鲍德里亚看来，这也构成了个体对全球化发起的暴动。

敌对关系即便采取病毒形式，也依然符合免疫学模式。危险的病毒入侵系统，按照免疫机制的运作方式，系统将病毒入侵者击退。然而敌对关系的谱系不等同于暴力的谱系。肯定性的暴力不需要一种敌对关系作为前提。相反，它正产生于一个宽容、平和的社会。因此它比病毒性暴力更加隐蔽。它存在于一个缺乏否定性的同质的空间内，没有敌我、内外、自我与他者的两极对立。

世界向肯定性发展，由此产生了新的暴力形式。它们不来自免疫学式他者，而源于系统内部。正是基于它的内在性，免疫反应对它失去效力。这种神经暴力将导致精神上的梗阻，是一种内在的恐怖。它完全有别于那种由免疫学的他者引起的恐慌。美杜莎是最极端形式的免疫学上的他者。她代表了一种极端的另类形式，以至于人们一旦正视她的颜面，便走向毁灭。神经暴力则取消了一切免疫学表征，由于它不含有任何否定性。肯定性暴力不是剥离式（privativ），而是饱和式（saturativ）；不是单一排他，而是兼收并蓄。因此，人们不能直观地感受到这种暴力形式。

病毒性暴力并不适用于描述抑郁症、注意力缺陷多动症或疲劳综合征等神经症状，因为病毒性暴力依然遵循免疫学模式，区分内外、敌我，并以一个对系统充满敌意的单一的他者为前提条件。神经暴力并不来自一个系统之外的否定性他者，而是源自系统内部。无论是抑郁症、注意力缺陷多动症或疲劳综合征都指向一种过度的肯定性。疲劳综合征即自我在过度狂热中燃尽了自身，源自过量的同类者。多动症中的“过量”概念也不属于免疫学范畴，它仅体现了肯定性的过度。

超越规训社会

福柯的规训社会（Disziplinargesellschaft）由医院、疯人院、监狱、营房和工厂构成，已经不再适用于描述当今的社会。取而代之的是另一种社会形态，由健身房、办公楼、银行、机场、购物中心和基因实验室建构的社会。21 世纪的社会不再是一个规训社会，而是功绩社会。其中的成员也不再是“驯化的主体”，而是功绩主体。他们成为自身的雇主。那些规训机构的围墙，过去用来分隔正常与异常的疆域，现在变成历史的遗迹。福柯的权力理论无法阐释从规训社会转向功绩社会过程中发生的心理和形态上的变化。过去流行的概念“监控社会”（Kontrollgesellschaft）也不再适用于这一转型，因为其中包含了过多的否定意义。

规训社会是一个否定性的社会。各种否定性的禁令在其中占据主导。否定性的情态动词——“不允许”（Nicht-Dürfen）控制着一切。“应当”（Sollen）中也附着否定性、强制性。功绩社会越来越摆脱了否定性。不断升级的去管制化进程取消了否定性。功绩社会使用一种积极的情态动词——打破界限的“能够”（Können）。集体复合性的肯定句“是的，我们可以办到！”恰当地表达了功绩社会的积极属性。禁令、戒律和法规失去主导地位，取而代之的是种种项目计划、自发行动和内在动机。规训社会尚由否定主导，它的否定性制造出疯人和罪犯。与之相反，功绩社会则生产抑郁症患者和厌世者。

从规训社会向功绩社会的范式转移在一定程度上也存在延续性。将生产最大化的渴望显然存在于社会集体无意识之中。当生产达到一定发展阶段时，禁令的规训法则，或者说其否定模式，便达到其极限。为了进一步扩大生产，规训范式必须由功绩范式，或曰“能够”的肯定性模式来取代。因为当生产水平发展到一定程度时，禁令的否定性起到阻塞的效果，妨碍了继续发展。肯定性的“能够”比否定性的“应当”更有效率。因此社会集体无意识由“应当”转向“能够”。较之驯化的主体，功绩主体更高效、多产。“能够”并没有撤销“应当”。功绩主体依然接受规训。他已经逾越了规训阶段。规训法则，即“应当”式律令，保障了生产程序，“能够”则进一步提高生产水平。就提高产量而言，“应当”和“能够”之间不存在断裂，反而展示了一贯性。

阿兰·埃亨伯格（Alain Ehrenberg）将抑郁症视作规训社会向功绩社会转型期产生的并发症状：“当控制行为的规训模式让位于另一种规范时，换言之，过去通过权威和禁令分配社会阶级和两性角色，如今每个人必须自发地行动，每个人都有义务去成就他自身，抑郁症就在这时开始盛行。……抑郁症患者没有最大限度地发展自身，他在必须成就自身的努力中筋疲力尽。”[10] 阿兰·埃亨伯格仅从自我管理的视角看待抑郁症，这是成问题的。他认为，这一社交命令——人仅属于自身——是导致抑郁症的原因。在他看来，当晚期现代的人类无法成就自身时，抑郁症就是这一失败的病理学表现。然而，正是人际关系的匮乏导致了抑郁症，这种匮乏是日益碎片化、分裂化社会的典型症状。埃亨伯格没有注意到抑郁症的这一面向。他也忽视了功绩社会内部的系统性暴力，正是这种暴力导致了精神梗阻。因此，并非“人仅属于自身”的社交命令，而是成就压力造成了过劳式抑郁症。由此可见，倦怠综合征（Burn-out-Syndrom）不是表达了筋疲力尽的自我，而是表达了疲惫、燃尽的（ausgebrannt）心灵。按照埃亨伯格的观点，当规训社会的规定和禁令让位于主体自主承担责任和自发行动时，抑郁症便开始流行。但事实上，并非过多的责任和自主性导致疾病，而是作为晚期现代社会新戒律的效绩命令（Imperativ der Leistung）。

阿兰·埃亨伯格错误地把当下的人类等同于尼采的主权独立的人："主权独立的人，不模仿任何人，尼采曾宣告他的降临，如今此类型的人即将大量出现。没有在他之上的权威告诉他，他应当成为什么样的人。因为他宣称自己只属于自身。"[11] 恰恰相反，按照尼采的观点，即将大量出现的不是主权独立的超人，而是只会劳作的"末人"（der letzte Mensch）[12]。这种新型的人类，毫无防御地陷入过度的积极性之中，没有任何独立自主性可言。抑郁的人是一种劳作动物（animal laboran），他在没有任何外力压迫的情况下，完全自愿地剥削自我。他同时是施暴者和受害者。自身严格来说是一个免疫学范畴。抑郁症则彻底脱离了免疫学范式。当功绩主体不再能够（继续工作）时，抑郁症就在这一时刻爆发。它首先是一种对工作、"能够"的倦怠感（Schaffens und Könnensmüdigkeit）。只有在一种相信"一切皆有可能"的社会中，才有抑郁症病人发出哀叹："没有什么是可能的。"不再能够的能够（Nicht-

Mehr-Können-Können）导向一种毁灭性的自我谴责和自我攻击。功绩主体和自身作战。抑郁症患者是这场内在战争中的伤残者。一个社会苦于过度的积极性，因此患上了抑郁症。它所反映的，是那种同自身作战的人类。

功绩主体不受外在的统治机构控制，没有外力强迫他工作或剥削他。他是自身的主人和统治者。因此他无须屈从于任何人，或者说只屈从于自身。这正是他有别于规训主体之处。但尽管摆脱了统治机构，却没有导向自由。自由和约束几乎在同一时刻降临。功绩主体投身于一种强制的自由，或者说自由的强制之中，以达到最终目的——效绩的最大化。[13] 工作和效绩的过度化日益严重，直到发展成一种自我剥削。这比外在的剥削更有效率，因为它伴随着一种自由的感觉。剥削者同时是被剥削者。施虐者和受害者之间不分彼此。这种自我指涉性产生了一种悖论式自由，由于其内部固有的强制结构而转化为暴力。功绩社会的精神疾病，便是这种悖论式自由在病理学上的显现。

深度无聊

过度的积极性还可以呈现为过度的刺激、信息和资讯，它从根本上改变了注意力的结构和运作方式。感知因此变得分散、碎片化。此外，日益增长的工作负担要求一种特殊的时间和注意力的管理技术，这反过来也影响了注意力的结构。作为一种时间和注意力的管理技术——多工作业（Multitasking），并不代表文明的进步。多工作业不是人类新掌握的技能，以便适应现代晚期信息社会的需求。更确切地说，它代表了一种倒退。当动物身处野外捕猎区时，普遍存在多任务处理。这种注意力的管理技术是荒野求生的必备技能。

一只正在进食的动物必须同时处理几项其他的任务。例如，它必须阻止敌人靠近自己的捕获物。它必须时刻小心，确保自己在进食的同时不被吃掉。它还要同时守护自己的后代和伴侣。在自然捕猎区，动物们不得不将自己的注意力分散到不同的活动中。因此它不能专心、沉浸于任何活动之中，无论是进食或交配。动物不能专注、沉湎于眼前的对象，因为它必须同时注意背景环境。除了多工作业，还有其他一些活动，例如电脑游戏也会形成一种宽广但肤浅的注意力，同野生动物的情形相似。最近的社会发展以及注意力的结构转变促使人类社会越来越类似于自然捕猎区。例如，职场霸凌（Mobbing）如今已经泛滥成灾。过去人们关心如何拥有美好的生活，其中也包含了如何融洽地共同生活，如今人们则只考虑如何存活下去。

人类在文化领域的成就，包括哲学思想，都归功于我们拥有深刻、专一的注意力。只有在允许深度注意力的环境中，才能产生文化。这种深度注意力却日益边缘化，让位于另一种注意力——超注意力（Hyperaufmerksamkeit）。这种涣散的注意力体现为不断地在多个任务、信息来源和工作程序之间转换焦点。由于这种注意力不能容忍一丝无聊，因此它也绝不接受一种深度无聊，而这种深度无聊恰恰对于创造活动具有重要意义。瓦尔特·本雅明把这种深度无聊称作“梦之飞鸟，孵化经验之蛋”[14]。如果说，睡眠是身体放松的最高形式，那么深度无聊则是精神放松的终极状态。一味的忙碌不会产生新事物。它只会重复或加速业已存在的事物。本雅明哀叹，由休息和时间构筑的梦之鸟的巢穴在现代社会日渐消失。再没有“编织和结网”的活动。无聊是一块“温暖、灰暗的布，里面却有耀眼夺目、五彩缤纷的内衬”，“当我们在做梦时，我们便包裹在其中”。我们置身于“它内衬上的阿拉伯式花纹上，感到熟悉而惬意”[15]。没有了放松和休息，我们便失去了“倾听的能力”，也便不存在“倾听的群体”。他们同我们这个过度积极的社会是直接对立的。“倾听的能力”恰恰以沉思的专注力（Aufmerksamkeit）为基础，而过度积极的主体无法抵达这一领域。

如果一个人在行走时感到无聊，又没有办法忍受无聊的话，他会焦虑、烦躁地转来转去，并且急切地寻找各式各样的活动。而那些对无聊更有耐心的人，将在忍耐了片刻之后意识到，也许是这种行走的方式令他感到无聊。这促使他去发明新的行走方式。跑步并不是新的行走方式，它只是加快速度的行走。舞蹈或者漂移则是全新的运动方式。只有人类能够跳舞。也许他在行走时体会到一种深度的无聊，并在无聊的激发下，将行走步伐改为舞步。然而同线型、笔直的走路相比较，动作花哨的舞蹈显得过于铺张，完全不符合效绩原则的要求。

我们在谈论“沉思的生活”（Vita contemplativa）时，不应同时试图召回那个最初产生这则格言的世界。那个世界和一种存在经验相连，按照这种经验，美和真理是永恒不变、遥不可及的，没有人类有权获得它们。其基调是一种对于事物之本质（das So-Sein der Dinge）的惊奇，祛除任何塑造或加工。新时代的、笛卡尔式的怀疑消解了这种惊奇。然而沉思的能力并不必须和永恒不变的存在相连。恰恰相反，只有沉思的专注力才能解读悬浮不定之物，隐蔽或飘忽即逝之物。[16] 只有停留在沉思之中，才能进入悠长、从容的状态。持久的形式和状态消除了一切过动症状。

保罗·塞尚（Paul Cézanne）是沉思专注方面的大师，他曾表示能够观看到事物的芬芳。将气味转化为视觉印象，这需要一种深度注意力。在沉思状态中，人能够从自身出离，将自己沉浸于事物之中。梅洛-庞蒂把塞尚对风景的深沉关注形容为一种“去物化”（Entäußerung）或“去内化”（Entinnerlichung）过程：“首先，他试图清晰地勾勒出地表的形态。然后他纹丝不动地固定在一个位置，观看（风景）一直到眼睛快从脑袋里蹦出来，如同塞尚夫人所言。……他曾说，风景在我体内思考，我是它的意识。”[17]只有深度专注力才能约束“飘忽不定的双眼”，由此产生一种“聚精会神”（Sammlung），在这种状态下，“自然那好动的双手安分地叠放在一起”。如果缺少这种聚精会神，目光将迷乱地四处张望，无法呈现出任何事物。然而艺术是一种“表达行为”。尽管尼采用意志取代了存在，但他也同样认为，如果把一切悠闲沉思从人类生活中去除，那么人类将终结于一种致命的超积极性（Hyperaktivität）之中。“由于缺少安宁，我们的文明将逐渐终结于一种新的野蛮状态。行动者，即那些永不安息的人如今大行其道，超越以往任何时代。因此，人们应当对人性做出必要的修正，在其中大量增加悠闲冥想的成分。”[18]

积极生活

在其著作《人的境况》(*Vita activa*，直译为“积极生活”)中，汉娜·阿伦特试图重新阐释积极生活，使它摆脱传统上低于沉思生活（Vita contemplativa）的地位，并展示其内在的丰富多样性。按照她的观点，在历史上，积极生活被不公正地贬低为焦虑不安(nec-otium)、劳碌繁忙(a-scholia)。[19] 阿伦特重新界定了积极生活，其中行动被置于首要地位。同她的老师海德格尔一样，她也信奉一种英雄式的行动主义。然而，海德格尔早年以死亡作为行动的导向。死亡为行动设置了限度，并最终导向了自由。阿伦特则把出生和行动的可能性相关联，从而赋予行动更多的英雄主义色彩。奇迹正存在于人自身的诞生之中，以及人类能够借由生命用行动去创造的新起点之中。不再是信仰，而是行动产生了奇迹。以英雄主义行动创造奇迹，这成为人类与生俱来的职责。行动因此获得了一种近乎宗教的维度。[20]

然而在阿伦特看来，现代社会是劳动社会，在这种社会中，人类被降格为劳作的动物，也因此丧失了产生上述（英雄主义）行动的一切可能性。行动能够引发新的、积极的变化过程。相反，现代人类却被动地陷入一种去个性化的生命过程之中。思想也被简化为大脑的计算功能。一切积极生活的形式，无论是生产抑或行动，都被降格到劳作的层面。因此阿伦特认为，新时代起初以前所未有的、英雄主义的姿态激发了人类的一切潜能，却终结于一片死寂的消极被动之中。

如果仔细考察最新的社会发展状况，就会发现阿伦特关于劳作动物终将获胜的阐释并不适用。她认为，现代社会个体的生活“完全沉浸在由社群种属控制的生活洪流之中”，而唯一、主动的个人决定只能是“放弃自我，舍弃自己的个性”，以便更好地履行“功能”[21]。工作的绝对化和发展联系在一起，“最终，在社会的建构和扩张过程中，人类作为生物种类的生活成为唯一的绝对”[22]。在阿伦特看来，甚至已经能够观察到危险的信号，“人类将可能把自身转变成动物，按照达尔文的理论，人类正由动物演化而来”[23]。她认定，如果从宇宙中一个距离地球足够远的视角进行观察，那么人类的一切行为都称不上行动，而只是生理活动。在这个外太空的观察者看来，人类的发展如同一种生物的突变过程，在这一过程中，人类的躯体像蜗牛一般包裹着金属外壳，如同细菌一样，以突变的方式同抗生素进行对抗。[24]

阿伦特对现代劳作动物的描述不符合我们如今能够观察到的现代功绩社会。现代晚期的劳作动物绝没有抛弃他的个性和自我，也没有陷入变成生物种类的去个性化进程之中。劳动社会将自身进化为功绩社会和积极社会。现代晚期的劳作动物被赋予了自我，这种自我一直扩张到近乎分裂瓦解的程度。不存在任何被动属性。如果一个人放弃了他的个性，投身于人的种群化过程中，那么他至少还能够拥有动物一般的泰然自若。更确切地说，现代晚期的劳作动物完全不同于动物，因为他是过度活跃、过度神经质的。那么为何在现代晚期，人类的一切活动都降格为劳作？为什么人类变得如此紧张、忙碌？为了回答这些问题我们必须另寻答案。

现代的信仰缺失，不仅针对上帝或彼岸，而且甚至包括现实本身。这种情况使人类生活变得极为短暂易逝。生活从未像现在这般飘忽即逝。不仅人类生活，甚至连世界本身也是短暂的。没有什么东西能够长久持存。由于“存在”的匮乏，引发了紧张情绪和烦躁不安。这种情况下，归属于一个生物种类能够帮助劳作动物，使他获得一种动物般的平静放松。然而，现代晚期的自我是孤立无援的。过去，宗教信仰作为一种塔纳托斯技术（Thanatotechnik）能够平息人类对死亡的恐惧，并带来一种永久持存的感受，如今也完全失效了。世界进入一种普遍的去叙事化（Entnarrativisierung）进程，更加增强了人的飘忽即逝之感。这种转变揭去了人类生活的遮蔽，使其呈现出赤裸（nackt）的状态。工作本身即是一种赤裸的行动。赤裸的工作适应于赤裸的生活。纯粹的工作和纯粹的生活，二者互为条件。由于缺少叙事的塔纳托斯技术（宗教信仰），因此产生了一种强制性要求——赤裸的生命必须保持健康。尼采早已预言，在上帝死后，健康便将成为一个新的上帝。如果人类的视域能够超越纯粹的生命界限，那么健康的价值也就不会如此绝对化。

相较于"神圣人"（Homo sacer）的生活，如今的人类生活更加赤裸。所谓"神圣人"是由于犯下罪行而遭到社会驱逐的人。任何人都可以杀死"神圣人"，而不会因此受到惩罚。在阿甘本看来，神圣人代表一种绝对可被杀死的生命。被阿甘本描述为神圣人的群体包括：集中营里的犹太人，关塔那摩监狱的囚犯，无身份证件的人，在一个不受法律制约的空间内等待被遣返的难民，以及急救室里缠绕在橡胶管中奄奄一息的病人。现代晚期的功绩社会把我们所有人的生命都降低为赤裸的生活，那么所有人都毫无例外地成了神圣人，而不仅是那些位于社会边缘、身处特殊状态的人，即那些被排除在外的人。然而他们（现代晚期的神圣人）有一个特殊之处，他们不是绝对可被杀死的对象，而是绝对无法被杀的对象，他们如同“永远不死的人”（Untote）。在这里，sacer 一词不再表示“受诅咒的”，而是“神圣的”。如今，赤裸、纯粹的生活本身即是神圣的，因此要不惜一切代价加以维护。

正是在赤裸的、极为易逝的生活刺激下，人类变得过度活跃，以歇斯底里的状态投入工作和生产。如今，工作的加速也和存在的匮乏相关联。工作社会和效绩社会并不是自由的社会，它产生了新的强制手段。主仆辩证法并没有导向一个自由的社会，在那里所有人都能够享有自由、闲适。它更多地导向了一个劳动社会，在这里，主人自身也成了工作的奴隶。在这一规训社会中，每个人都身处自己的劳动营里。这种劳动营的特殊之处在于，一个人同时是囚犯和看守、受害者和施暴者。人类以这种方式进行自我剥削。在没有主人的情况下，剥削也能照常进行。那些身患抑郁症、边缘性人格障碍或疲劳综合征的人群显示出的症状，和那些身处集中营的囚犯的症状十分相似。这些筋疲力尽、困倦不堪的囚犯，如同身患严重抑郁症的病人，变得极度麻木、冷漠，甚至无法分辨躯体的寒冷和看守的指令。我们不禁产生这样的怀疑，现代晚期的劳作动物身患种种精神疾病，也如同一名囚犯，仅有的区别在于，不同于囚犯，劳作动物的营养很好，其中不乏身材肥胖者。

阿伦特在《人的境况》最后一章中论述了劳作动

物的胜利，然而她并没有针对这种社会发展趋势提出有效的替代方案。她仅仅无可奈何地指出，目前只有少数人拥有行动的能力。在该书的最后几页，阿伦特重提思想的重要性。在当下消极的社会发展趋势中，思想受到的影响和伤害最小。尽管世界的未来取决于行动者的力量，而非思想。然而思想对于人类的未来不是无关紧要的。在积极生活的各项行动中，思想是最富有行动力的，在这一点上它超越了其余一切行动。在全书结尾处，阿伦特论述道："那些富有思考经验的人，将很难不去赞同加图（Cato）的名言：'当他表面看来无所作为时最为活跃，当他独自一人时最不孤独。'"这段结语看上去像是一种应急措施。然而一旦"行动的经验"以"最纯粹"的方式展现自身，那么纯粹的思想能够起到何种作用呢？阿伦特尤其重视行动，在这方面和现代晚期功绩主体的过度活跃和歇斯底里症状恰恰有许多共通之处。她以加图的格言作为全书结语，也显得有些不合时宜。西塞罗最早在

《论共和国》（*De re publica*）中引用了这段话。他在同一段引文之后呼吁读者远离“集会”和“熙攘的人群”，回归一种孤独的沉思生活。西塞罗在引用加图的话之后，紧接着特别赞颂了沉思生活的意义：并非积极的生活，而是沉思的生活，才能使人类获得其应有的状态。阿伦特却从中发展出了积极生活的赞歌。加图谈论沉思生活的孤寂状态，而阿伦特则不断强调“行动者的力量”，二者之间并不相容。《人的境况》一书结尾处，阿伦特在无意中谈及沉思生活。然而她没有意识到，正是由于丧失了沉思的能力，积极生活变得绝对化，从而导致现代积极社会的焦虑和歇斯底里症状。

观看的教育

沉思的生活需要以一种特殊的观看方式为前提，这种观看方式则需通过教育习得。在《偶像的黄昏》（*Götzen-Dämmerung*）中，尼采描述了三种任务，为此人类需要一位导师。人应当学会观看，学会思考，以及学会说话和书写。在尼采看来，学习的目的在于形成一种“高雅的文化”。学习观看意味着“使眼睛适应于宁静、耐性，使自己接近自身”，换言之，使眼睛拥有沉思的专注力以及持久、从容的目光。学习观看是“获得智慧的第一项预备训练”。人们应当学会，“受到刺激不要立刻做出反应，而是能够拥有阻止、隔绝的本能”。精神匮乏以及卑鄙的行径，这些都是由于“没有能力抵挡刺激的作用”，无法拒绝刺激反应。立刻做出反应、回应每一个刺激冲动，这已经是一种疾病、一种倒退，也是疲劳、衰竭的征兆。尼采在这里表达的正是重新恢复沉思生活的必要性。这不是一种被动的自我敞开，不是接受任何出现或发生的事物，而是抵抗那些蜂拥而至、不由自主的冲动刺激。目光不再臣服于外在的刺激，沉思生活将自主地控制它。这种否定性的、自主的行动比任何一种过度活跃都更加积极，因为过度活跃是精神衰竭的征兆。被阿伦特忽略的积极生活的辩证法意味着，一旦积极性加剧为过度活跃，它将转变为一种过度消极，在这种状态下，人类将毫无防御地回应一切冲动和刺激。由此导致了新的束缚，而非自由。如果一个人信奉越积极便越自由，那么这只是他的幻想和错觉。

如果缺少那种“隔绝的本能”，那么人类的生存便成为一种烦躁不安、过度活跃的反应和发泄活动。纯粹的积极性只会扩展已存在之物，而要真正转向他者，则需要否定性的停顿。只有借助中断的否定性，行动主体才能够衡量全部可能性，纯粹的积极性则无法办到。尽管犹豫不决并非积极行为，然而要避免行动降格为劳作，犹豫是必不可少的条件。我们如今生活的世界中很少出现停顿，少有间隔和休息。为了提高效率，一切间歇都被取消了。在格言录“行动者的主要缺陷”中尼采写道：“行动者往往缺少更高等级的行动。……在这方面他们是惰性的。……行动者如同石头一样滚动，遵循愚蠢的机械法则。”[25]行动可分为不同的种类。那些遵守愚蠢机械法则的行动缺少暂停中断机制。机器不能自行终止。尽管电脑拥有庞大的计算功能，但却依然堪称愚笨，由于它缺少犹豫迟疑的能力。

在这一普遍加速和过度活跃的发展过程中，我们也忘却了愤怒（Wut）。愤怒拥有一种特殊的时间属性，与普遍加速和过度活跃无法相容。后者不允许存在时间距离，未来被压缩成延长的当下。此外，它还缺少否定性，只有否定性才能形成投向他者的目光。与之相反，愤怒对当下提出质疑。它以当下的间歇和中断为前提。在这一点上它有别于生气（Ärger）。普遍的涣散是当下社会的主要特征，因此无法提供愤怒所需的能量和专注。愤怒是一种能力，它能够中断一种状态，从而开始一个新的状态。如今，愤怒越来越让位于生气或不快，后两者却没有能力引发决定性的改变。例如人会对于不可避免的事情感到气恼。气恼相对于愤怒，好比害怕（Furcht）相对于恐惧（Angst）。害怕往往针对一个特定的对象，与之相反，恐惧则是一种存在状态（das Sein als solche）。它包含、动摇了整个存在。与之相似，愤怒也并不针对某一单独的事件。它否定的是整体，也因此形成了它的否定性能量。愤怒展示了一种例外状态。世界的积极化发展导致例外状态日益稀少。阿甘本忽略了这种不断增长的积极性，与他的诊断恰恰相反，例外状态同常态的界限日益模糊，如今社会的普遍积极性吸纳了所有特例。因此，正常状态变得绝对化。正基于世界上不断增长的积极性，才导致“例外状态”和“豁免权”（Immunitas）获得了更多的关注。然而，这种关注并不能证明它们的当下性，反而证明了它们日渐消逝。

社会逐渐增长的积极性还削弱了其他一些情感，例如恐惧和悲伤，这些情感以否定性为基础，即它们是消极的情感。[26] 如果说思想本身是一个“由抗体和自然免疫反应编织成的网络”[27]，那么一旦缺少了否定性，思想将转化为一种计算。电脑的计算能力优于人类大脑，能够毫无阻碍地容纳庞大的数据，也许原因正在于电脑缺少任何他者性（Andersheit）。它是一台积极主动的机器（Positivmaschine）。正是基于一种自闭症式的自我指涉，以及否定性的缺席，白痴学者（idiot savant）才能取得其成就，而只有计算机才能真正做到这一点。伴随着世界变得普遍积极化，人类和社会也都转化为一部自我封闭的效能机器。可以说，超负荷劳作使效绩最大化，同时也消除了否定性，因为后者将阻碍工作程序的加速。如果人类是一种否定性生物，那么世界的全面积极化将导致危险的后果。按照黑格尔的观点，正是否定性为存在赋予活力。

有两种不同形式的能力。积极的能力是去做某事。与之相反，消极的能力是不去做某事，按照尼采的说法，是说“不”的能力。这种消极的能力有别于单纯的无能，即没有能力做某事。无能仅仅是积极能力的反面。它本身也是积极的，由于它和某件事物联结在一起，即它无法完成某事。消极的能力则超越了这种束缚于某件事物的积极性。它是一种不去做某事的能力。如果一个人缺少了消极的能力，那种不去感受某物的能力，而只有积极的能力，即感受的能力，那么感官将无助地面对汹涌而至、不由自主的刺激和冲动。“精神性”（Geistigkeit）也完全不可能存在。如果一个人只拥有去做某事的能力，缺少不做某事的能力，那么他将陷入致命的过度活跃之中。如果一个人只有去思考的能力，那么思想将迷失在一系列无止境的对象中。沉思（Nachdenken）也便不可能存在，因为积极的力量，也就是过度的积极性，只允许“持续不断地向前思考”（Fortdenken）。

“不作为”的否定性是沉思冥想的一个主要特征。例如，在禅修的状态下，修行者试图达到无为的、纯粹的否定性，也就是一种虚空（die Leere），以此摆脱那些压迫性的、蜂拥而至的事物。这是一种极度积极的状态，不含任何否定性。它是一种训练，其目的是达到一种自主自为的状态，即一种中间平衡点。如果一个人仅拥有积极的力量，那么他将完全被动地屈从于对象事物中。尽管看似矛盾，过度活跃是一种极度被动的行为方式，阻碍了一切自由的行动。它基于一种片面的、绝对化的积极力量。

抄写员巴托比

梅尔维尔的短篇小说《巴托比》（*Bartleby*）经常被用作形而上学或神学的阐释对象[28]，也可以被读作一则病理学案例。这篇“来自华尔街的故事”描述了一个非人的工作环境，其中的人物全部被降格为劳作动物。小说详尽描述了被高楼环绕的律师事务所，其中的氛围压抑阴郁、了无生趣。在距离窗户不足三米处，耸立着一道“高高的、由于岁月累积且常年在阴影下而显得黑黢黢的砖墙”。这间如同水井一般的工作室里没有一丝“生命力”（原文“缺少任何风景画家眼中的‘生命力’”）。小说中经常提及的忧郁和沉闷构成了小说的基调。律师的助手们全都饱受种种神经症的折磨。助理“火鸡”被一种“奇特的、激动的、混乱而毫无目的的忙乱”驱使。另一位野心勃勃的助理“钳子”受苦于精神性消化功能障碍。在工作中，他把牙齿咬得嘎吱作响，并不断发出低声的诅咒。与这种神经的过度活跃和敏感恰恰相反，巴托比构成了另一种极端，他变得沉默、呆滞。巴托比的症状是神经衰弱症的典型特征。这样看来，他的口头禅“我宁愿不做”既没有“无为”的否定力量，也并非“精神灵性”所必需的抑制性本能。它更多地体现了无精打采和冷漠麻木，巴托比也正因此而走向死亡。

梅尔维尔描述的社会依然是一个规训社会。整部小说中充满了高墙和壁垒，它们是属于规训社会的建筑要素。《巴托比》正是一则“来自华尔街的故事”。“墙”是小说最常使用的词汇之一，常出现在“死墙”这一词组中：“第二天我看到巴托比什么都没做，只是站在窗边，沉浸在他的死墙白日梦之中。”巴托比本人坐在一道隔墙后工作，心不在焉地望着窗外的一堵死墙。墙总是和死亡联系在一起。[29] 此外，梅尔维尔还反复使用了另一个规训社会的典型母题“围墙厚重的监狱”，他将之称作墓穴。一切生命的迹象在这里都被消除了。巴托比也进入了墓穴，并在彻底的孤独和疏离中死去。巴托比仍然是服从的主体。他尚未发展出现代晚期功绩社会的标志性症状——抑郁症。巴托比的情感世界中没有自卑和自责感，也没有对失败的恐惧。他并不熟悉那种不间断的自我谴责和自我攻击。他不曾面对过现代晚期社会典型的绝对命令：“必须做自己。”他并非失败于“成为自己”这一计划。巴托比被指定的唯一工作是机械式抄写，在这项任务中他没有任何自由空间，自主性在这里既不可能也不必要。导致巴托比生病的并不是过度的积极性和过多的可能性。现代晚期的绝对命令——使个人成就自己——没有成为压迫他的重负。他从事的活动是复制，恰恰不允许任何积极性存在。巴托比仍然生活在充满传统机制的社会中，他尚未感受到自我的过度疲劳，以及过劳最终导致的抑郁和自我倦怠感。

阿甘本从本体论和神学角度对巴托比的故事进行了阐释，而忽视了其中的病理学面向，因此错误地理解了叙事对象。此外，这种阐释也没有考虑到当代的心理结构转变。更可疑的是，阿甘本将巴托比提升为一个关于纯粹力量的形而上譬喻："这便是属于巴托比抄写员的哲学境况。作为一个不再书写的写字员，他是虚无的极端形态，一切受造物都由此产生，同时这一虚无在其纯粹、绝对力量中提出了无情的索求。书写者成为一张写字板，从此以后，他除了是自己的白板之外，什么也不是。"[30] 巴托比象征了这样一种"精神"，一种"纯粹力量之存在"，指向空白的、未着一字的写字板。[31]

巴托比这一形象并没有指向自身或其他任何事物。他没有个人世界，是不在场的、漠不关心的。如果他是一张"白板"，那么原因仅在于他缺乏任何与世界的联系或意义关联。巴托比那困倦、暗淡的双眼（dim eyes）便说明他并不是纯粹、神性力量的象征，正如阿甘本所言。阿甘本的下述论断更加缺乏说服力，他认为，巴托比顽固地排斥写作，停滞在一种能够写作（Schreiben-Können）的状态中，他彻底放弃欲望从而宣示了一种绝对的力量（potentia absoluta）。因此，巴托比的拒绝是一种宣示和声明。他代表了纯粹的“舍去一切头衔的存在”。阿甘本把巴托比视作一位天使般的信差，一位报信天使，尽管他“以虚无宣告虚无”[32]。阿甘本忽视了巴托比对一切“差事”的抗拒。例如他始终拒绝前往邮局：“‘巴托比，’我说，‘姜饼现在离开了；你愿意走几步路到邮局去吗？’……‘我宁愿不去。’”整篇故事以一则奇特的后记收尾：巴托比曾短暂地担任邮局职员，专门负责处理死信，即无法投递的信件（死信办公室），“死信！这听上去不像死人一样吗？设想一个人由于天性或厄运使然，陷入了乏味的绝望之中，那么还有什么业务比这项工作——不断地处理死信，将之分类、烧毁——更会加深这种绝望呢？”律师满腹怀疑地高声质问：“他为生活奔波，这些信件却加速他的死亡。”巴托比的存在是一种趋向死亡的否定性存在。这种否定性和阿甘本的本体论—神学式解读相矛盾，按照阿甘本的解读，巴托比被提升为第二次创世，即一种“去—创世”(Ent-Schöpfung)的先知，在“已有之物”和“尚未成形之物”，以及“存在”和“虚空”之间的界限被再次瓦解。

尽管梅尔维尔在这个墓穴（Tomb）中保留了一点微小的生命的种子——一小块草皮（被囚禁的草坪），然而相较于沉重的绝望感和死亡的阴影，这一小块草地恰恰凸显了死亡国度的否定性。律师对被囚禁的巴托比讲了一些安慰的话，也显得十分无力：“你待在这儿，没有什么好指责的地方。你看，这里并不像人们想象的一样是个悲伤之地，这儿还有天空和草地。”巴托比只是无动于衷地回答道：“我知道我在哪儿。”阿甘本把天空和草地都解读为救世主弥赛亚的象征。

那一小块草地作为死亡国度中唯一的生命迹象，仅仅加重了绝望的空虚感。“他为生活奔波，这些信件却加速他的死亡”，这也许是整篇小说要传递的最重要的信息。为生活付出的一切努力，都将导向死亡。

卡夫卡笔下的饥饿艺术家则抛弃了一切幻觉。他的死亡，无人关心，却给周遭的人带来了极大的轻松感，一种“即便是最迟钝的感官也能体会到的放松”。他的死亡为朝气蓬勃的猎豹空出了位置，后者象征了对生命的纯粹喜悦，别无他求。“看守员无须思考良久，便送来它爱吃的食物。它似乎从未因失去自由而惆怅。这具高贵的躯体，应有尽有，不仅具备利爪，似乎连自由都随身携带着。自由仿佛隐藏在它牙齿中的某处。生命的喜悦随着它喉咙中发出的剧烈吼叫而产生，以至于观众很难承受。然而他们克制住自己，挤在笼子周围，舍不得离去。”拒绝的否定性赋予饥饿艺术家自由的感觉，但这种感觉和猎豹“牙齿”中保留的自由一样是虚幻的。那位长得像一块肉的“肉排先生”也是巴托比的同伴。他热情洋溢地夸赞事务所，并试图劝诱巴托比吃点东西：“先生，希望您在这里过得愉快——宽敞的庭院——凉爽的办公室，先生，希望您能和我们共度一段时光，请您尽可能过得舒适惬意。先生，肉排太太和我能有幸邀请您在肉排太太的私人房间共进晚餐吗？”在巴托比死后，律师面对震惊的“肉排先生”，近乎嘲讽地说道：“‘哎！他睡着了，不是吗？’‘同众位国王和律师一道。’我喃喃自语。”小说并没有提供弥赛亚式希望。伴随着巴托比的死亡，“破败神庙里最后一根支柱”也轰然倒塌。他如同“大西洋中的残骸”一般沉没消失。对于巴托比的口头禅“我宁愿不做”，无法进行任何基督教—弥赛亚式解读。这则“来自华尔街的故事”不是一则“去—创世”（Ent-Schöpfung）故事，而是一则关于倦怠（Erschöpfung）的故事。小说结尾的感叹语既是哀叹也是控诉：“唉，巴托比！唉，人类！”

倦怠社会

倦怠有一颗宽广的心。

——莫里斯·布朗肖

功绩社会作为积极的社会，逐渐发展成一种“兴奋剂社会”（Dopinggesellschaft）。过去的负面用语“大脑兴奋剂”已经被“神经增强剂”取代。兴奋剂导致了一种没有产生效能的效能。一些严肃的科学家声称，拒绝使用这种物质恰恰是不负责任的表现。一个外科医生通过神经增强剂的帮助，能够更加专注地进行手术，从而减少失误，拯救更多的生命。即便广泛使用神经增强剂也不会导致任何问题。人们只需要建立公平机制，即保障所有人都有权使用神经增强剂。一旦兴奋剂被允许应用于体育竞赛，那么体育竞技将沦落为一场医药行业间的竞争。然而，禁令也不能阻止这一发展趋势，不仅是人的身体，而且是人类整体都演变为一架效能机器，顺畅无阻地运转，力图最大化地发挥自身的功效。兴奋剂仅仅是这一发展潮流的后果之一，生命原本是一种极为复杂的现象，如今也被简化成一种生命机能、生命效能。相应的负面后果是，功绩社会和积极社会导致了一种过度疲劳和倦怠。这一精神状态是现代社会的典型特征，由于缺少否定性，因此过量的肯定性占据了统治地位。这种疾病不是免疫反应，由于免疫机制需要以他者的否定性为前提。它更多地是由过量的肯定性所致。无节制地追求效能提升，将导致心灵的梗阻。

功绩社会的倦怠感是一种孤独的疲惫，造成了彼此孤立和疏离。这种倦怠感是作家彼得·汉德克

（Peter Handke）在《试论倦怠》[33] 中所说的“分裂的倦怠感”。“两个人不可避免地彼此分离，陷入高度个人的倦怠感之中，不是我们的倦怠感，而是我的和你的。”这种导致分裂的倦怠感使人变得“失去观看的能力，陷入沉默”。只有自我占据着全部视野，“我不能够对她说‘我对你感到厌倦’，即便是一句简单的‘累了’也不行。（如果我们能共同发出这种抗议，那么我们也许便可以从各自的地狱中解脱出来。）这种倦怠感耗尽了我们的语言能力和心灵”。它们是一种暴力，由于它们摧毁了一切共同体、集体和亲密关系，甚至摧毁了语言本身。“这种倦怠是沉默的，它必须保持如此，并必将导致暴力。也许它只能借由目光来表达，在这种目光中他者变得扭曲变形。”

相对于导致沉默、盲目和分裂的倦怠，汉德克提出了另一种引向对话、关注以及和解的倦怠。后一种倦怠，作为一种“更为丰富的弱化的自我”，开启了一片中间地带，从而松动了自我的界限。我不仅看到了他者，自我也成为他者，“他者同时成为我”。中间地带是不分彼此的、友谊的空间，其中“没有任何人或事物占据统治或主导地位”。随着自我逐渐弱化，自我存在的重心从自我转移到世界。这是一种“亲近世界的倦怠”，而自我—倦怠则是一种孤独的倦怠，一种厌世的、摧毁一切的倦怠。前者“打开”了自我，使它变得对世界具有“可穿透性”。它重新建立了一种“二元性”，而孤独的倦怠则将之摧毁。人们能够重新相互关注，相互接触。“倦怠成为一种途径，通过这种倦怠人们能够被他人触动，也能够触动他人。”倦怠制造了一个允许逗留的闲适空间。自我的弱化体现为世界的延展。“倦怠是我的朋友。我重新回归到世界之中。”

在这种“根本性倦怠”的基础上，汉德克列举了所有那些由于积极生活的极端化而消失的存在和共存形式（Daseins und Mitseinsformen）。“根本性倦怠”绝非一种筋疲力尽的状态，不同于没有能力去做某事。它能够激发灵感。它促使精神的出现。“倦怠的灵感”在于无为，“品达的颂歌献给疲惫的人，而非胜利者！我猜想，在圣灵降临节上，圣灵降临教派的成员们也慵懒地并排坐在长椅上。倦怠的灵感并不告诉我们去做什么，而是告诉我们可以不做什么”。倦怠赋予人们一种特殊的闲适、一种放松的无为。在这种状态下，各种感官没有变得疲惫虚弱，而是唤醒了一种特殊的视觉能力。汉德克便论及一种“目光清澈的倦怠”。它提供了另一种注意力形式，一种悠长、缓慢的关注，取代了那种短暂、仓促、过量的注意力。“倦怠区分了目光所及的形态，常见的纷杂混乱变得富有韵律，成为有益的形态。”每一种形态都是缓慢的，都是绕道而行。然而，追求效率和高速的管理机制取消了这种形态。汉德克甚至把这种深沉的疲倦提升为一种救赎方式、一种恢复青春的形式。它将惊奇重新带回这个世界，“疲惫的奥德修斯赢得了娜乌西卡（Nausikaa）的爱情。疲倦使人恢复青春，变得从未有过的年轻。……在疲倦的休息中，一切都显得如此新奇”。

汉德克区分了劳作的、攫取的手（arbeitende, zugreifende Hand）和游戏的手（spielende Hand），后者停止了执意的抓取。“每天傍晚，在西班牙的利纳雷斯，我都观察那些幼小的孩童，他们逐渐变得疲乏：不再有贪欲，手中不再抓取任何东西，而只剩下游戏。”深沉的倦怠松动了身份的限制。事物在其边缘地带闪烁、发光、颤动。它们变得不确定、可渗透，部分地丧失了原本的坚定。这种特殊的“漫不经心”赋予它们一种友善的氛围。那种对他者的顽固排斥被取消了。“在根本性的倦怠中，事物不再只为自身存在，而是永远和他者共存。即使只有少数事物存在，最终它们也会聚集在一起。”这种倦怠产生了一种深层的友谊，促成了一种特殊的团体，而无需从属或亲缘关系。人类和事物相互联结，通过一种友善的并列关系。在荷兰的静物画中，汉德克看到了这种独特的集体，一种个体间的集合：“我设想了一幅画，呈现了‘一切同一’的意象：它是一幅17世纪的荷兰花卉静物画，在栩栩如生的鲜花上，这儿有一只甲虫、一只蜗牛，那儿有一只蜜蜂，另一处还落着一只蝴蝶，也许它们相互之间并不知道他者的存在，但在眼下，在我目光所及的这一刻，它们聚集在一起。”汉德克的倦怠不是一种自我—倦怠，不是筋疲力尽的自我的困倦。他论述的是一种“我们的倦怠”。在这种状态下，我不会令你困倦，而是如同汉德克所说：“你感到累了。”“在我的记忆中，我们总是在下午的阳光里坐着，交谈或沉默，享受共同的倦怠……一片慵懒的云朵，一种超越尘世的困倦将我们彼此联结在一起。”

尽管过劳症式的疲倦是积极的，它却剥夺了我们做事的能力。激发灵感的疲倦则是一种消极的倦怠，即无为。犹太教的安息日（Sabbat）原始的含义是停止，是什么都不做的一天，是从为一定目标而劳作中解放出来的一天，按照海德格尔的说法，是摆脱了一切烦恼的一天。它是一段间歇（Zwischenzeit）。在创世之后，上帝赐福给第七天，定为圣日。为一定目的而劳作的一天不是神圣的，而是那什么都不做的一天。在这一天，无用之用成为可能。它也是倦怠的一天。间歇是一段没有工作的时间，是游戏的时间，它不同于海德格尔所说的劳作和忧愁的时间。汉德克把间歇描述为一段和平时期。困倦卸下了武器。在疲惫者那悠长、缓慢的注视下，泰然任之（Gelassenheit）取代了坚定执着 (Entschlossenheit)。间歇作为一段漫不经心的时光是友善的："我在这里讲述了一种宁静中的倦怠，在间歇之中。这是和平的时期。……令人惊讶的，我的疲倦似乎也促进了这短暂的和平，也许它的目光能够识别出一切暴力、争吵或只是不怀好意的行为的苗头，并平息、缓和这些征兆？"

汉德克构想了一种此世的宗教，以倦怠为核心。"根本性的倦怠"取消了孤立的主体，产生了一种无需亲缘关系的集体社群。这一社群唤起了一种特殊的生活节奏，一种团结的氛围，并导致了一种亲密的友邻关系，而无需任何家族的、功能性的纽带。“一个疲惫的人就是另一个俄耳甫斯（Orpheus），在他周围，最野性的动物都聚集起来，并最终一同享受这困倦。倦怠赋予孤立分散的个体一种共同的节奏。”[34]圣灵降临教派启发了“无为”的生活方式，他们同积极社会相对立。汉德克设想他们“慵懒地坐在长椅上”。他们是一种特殊意义上的倦怠的群体。如果“圣灵降临教派”是未来社会的一个同义词，那么这一社会亦可称为倦怠社会。

外二篇

倦怠社会

弗洛伊德构想的心理机制是一种充满了禁令和戒律的压抑性机制。它如同规训社会一样，主要由医院、疯人院、监狱、军营和工厂构成。因此，弗洛伊德的精神分析学只有在压抑性社会中才有效，其组织结构以否定性的禁令为基础。但如今的社会不再以规训为主要内容，而是一个功绩社会，它逐步消除了戒律和禁令，成为一个自由的社会。

弗洛伊德理论中使用的情态动词是“应当”（Sollen），而适用于功绩社会的则是“能够”（Können）。社会的变迁导致了人类心理内部的转化。现代晚期的功绩主体和过去的规训主体拥有完全不同的心理，不再适用于弗洛伊德的精神分析学理论。弗洛伊德的心理模型中占据主导地位的是否定、压抑和对违规的恐惧感。自我成为一个“恐惧的场所”（Angststätte）。[1] 现代晚期的功绩主体则完全不同。他是一个肯定的主体。如果说无意识（das Unbewusste）必须和否定性的排斥和压抑相连，那么这种全新的、解放的功绩主体则不再拥有无意识，而是后弗洛伊德式的“自我”。弗洛伊德的无意识概念不是一种超越时间的存在。它是压迫性规训社会的产物，如今我们已经逐渐与之告别。

弗洛伊德式自我的主要成果在于完成一项义务。他在这一点上类似于康德的规训主体。在康德的理论中，道德良知取代了超我的位置。他的道德主体同时也臣服于一种“暴力”：“每个人都拥有良心，并且感到自己被一个内在的法官注视，此内在法官威吓他，使他充满敬畏（一种与恐惧相结合的尊敬）。而这种看守着他内心法则的力量，并不是某种他自己（随意）造成的东西，而是处于他本质之中、与生俱来的。”[2] 康德的主体和弗洛伊德的一样是内在分裂的。一个他者发号施令，却同时也是他自身的一部分：“这种原始的知性、道德（由于它是一种义务的观念）能力，也被称为良心，它具有这种特性，即，虽然它的工作是一项针对自身的任务，却被它自己的理性所逼迫，好像是在另一个人的命令下去从事这一工作。”[3] 康德将人的这一分裂状态称为“双重自我”（das doppelte Selbst）或“二重人格”（die zweifache Persönlichkeit）。[4] 道德的自我同时是被告人和法官。

规训主体不是享乐主体，而是义务主体。康德的主体也服务于一项职责，从而压抑他的“天性”。康德的上帝，“一个统治一切的道德存在”，不仅仅是一个惩罚和判决的机构，他还有另一个常被忽视的、十分重要的面向，即作为一种奖赏的机制。道德的主体作为义务主体尽管为了美德而压制了一切享乐的天性，然而为了奖励他在痛苦中完成工作，有德性的上帝将赐予他福祉。上帝的赐福将“完全按照和德性相称的比例”进行“分配”[5]。道德的成就将得到相应的报酬。道德主体为了美德而承担痛苦，同时也清楚即将获得的奖赏。他和作为奖赏机制的他者之间存在一种亲密关系。这里不存在奖赏危机，因为上帝是守信的、不会欺诈的。

现代晚期的功绩主体不再臣服于任何义务。他的信条不再是顺从、法规和履行义务，而是自由和自愿。他工作的首要目的在于获得乐趣。他并非遵从他人的指令行事，而是更多地听命于自己。他成了自身的雇主，从而摆脱了负面的、发号施令的他者。这种脱离他者的自由却并非一种单纯的释放和解脱。自由的辩证法不幸地将其自身转化为强制和束缚。

他者的缺席将首先导致一种奖赏危机。奖赏作为一种认同机制，需要他者或第三方为前提条件。理查德·塞尼特（Richard Sennett）也认为自恋型人格障碍和他者的缺失导致了奖赏危机：“自恋是一种人格障碍，它恰恰同自爱相反。沉浸于自我之中不会带来奖赏，而只会导致痛苦。自我和他者之间的界限消失了，这意味着自我再也不能遭遇‘新事物’或‘他者’。后者已经被吸收和改造，直到自我在其中发现了自身——然而他者也因此丧失了意义。……自恋者不从经验出发，他希望——在一切他遭遇的对象中——体验到自身。……自恋者沉溺于自身之中……”[6] 人们在种种经验（Erfahrung）之中遭遇他者。经验是变化的，即被他者改变，而体验（Erlebnisse）则将自我延伸至他者和世界之中，是一种同化机制。在自爱形式下，自我和他者的界限是明晰的，而自恋则模糊了一切界限。自我无限扩张，因而变得混沌不清。

尽管塞尼特将现代个体的心理障碍同自恋情结（Narzissmus）联系在一起，但他却得出了错误的结论：“期望不断提升，任何一次经历都无法带来满足，相应地，没有能力去完成任何一件事情。完成某项任务的满足感被屏蔽了，因为这种感觉使个人的经历具象化，使其拥有了形态和外貌，从而脱离自我，获得独立的存在。”[7]然而，现实情况恰恰相反。完成某项任务的感觉并没有被有意地“屏蔽”，而是从未产生过这种大功告成的感觉。自恋的主体并非不渴望终结，而是无法抵达终点。效绩强迫症促使他不断地提升效能。因此永远无法达到获得奖赏的休止点。他永远生活在负罪感和匮乏感之中。由于他同自身竞争，不断试图超越自己，直到最终崩溃毁灭。他苦于精神瘫痪——过劳症——的折磨，功绩主体努力实现自我，直至死亡。自我实现和自我毁灭在这里合而为一。

歇斯底里症是规训社会的典型心理疾病，精神分析学也建立在这种病症之上，它以否定性的驱逐为前提，无意识也由此产生。欲望被驱赶进入无意识，并“转化”为身体症状，显著地呈现在患者身上。歇斯底里症患者展示出一种独特的形态。因此，歇斯底里症同抑郁症明显地区分开来。

按照弗洛伊德的理论，“个性”是一种否定性现象，因为如果没有心理审查机制，个性便无法形成。弗洛伊德将它定义为“客体侵占的痕迹”[8]。当自我意识到在本我之中发生了客体入侵时，他通过压抑机制试图抵抗入侵。个性之中便包含了压抑的经历。个性建构了一种自我和本我、超我之间的特殊关系。歇斯底里症患者表现出独特的性格形态，而抑郁症患者则是不定型的、无形态的。后者是没有个性的人。

卡尔·施密特指出，敌人宁可说是“内在分裂的标志”，而“并非一个唯一的、真实的敌人”。关于朋友也是同样的情形。在施密特看来，不存在一个唯一的朋友，而仅仅表明了个性和形态的匮乏。施密特认为，后现代个体在脸书上拥有众多好友，只体现了自身缺乏个性和形态。从积极的方面讲，无个性的人是灵活变通的，他能够呈现出任何一种形态，承担任何一种角色和任务。不定型和灵活性产生了巨大的经济效益。

弗洛伊德强调，无意识和压抑机制“在很大程度上是相互关联的”。然而当今的心理疾病，如抑郁症、过劳症或注意力缺乏多动症之中并不存在压抑和否定机制。它们更多地指向过度的积极性，不是否定性，而是缺乏拒绝的能力；不是“不允许”，而是“能做任何事情”。因此精神分析学不适用于这些病症。抑郁症不是压抑的后果，不是由超我一般的统治机制所导致。在抑郁症患者身上，没有发生“转化”过程，没有关于受压抑心理内容的暗示。

当今的功绩社会充满了自由观念和去管制化，大规模地解除了规训社会下的种种限制和禁令。其后果是彻底的去界限化和普遍的混乱无序。如今丹尼尔·保罗·施雷柏尔（Daniel Paul Schreber）一般的偏执型妄想症已经不存在了，弗洛伊德将施雷柏尔的疾病归因于受到压抑的同性恋倾向。“施雷柏尔病例”是19世纪规训社会的典型案例，针对同性恋的严格禁令在其中占据统治地位，乃至于一切享乐、快感都遭到禁止。

然而在抑郁症中，则没有无意识的参与。阿兰·埃亨伯格却断定："正是抑郁症的发展历史，帮助我们理解了社会和精神领域的重要转向。抑郁症势不可当地增多，从而迫使20世纪上半叶的主体进行了两个层面的调整：心理的解放和身份认同的不确定性，个人的主动性以及行动能力的缺失。以上两个层面清楚地显示出一些人类危机，即精神病学中的神经冲突转变为抑郁症式的匮乏感。由此形成的人类个体将面临来自未知事物的信号，人类无法掌控这些未知物。这一不可化约的部分，在西方世界被称作无意识……"[9] 在埃亨伯格看来，抑郁症象征了"不可控"和"不可化约之物"[10]。它产生于"无限可能性和不可控性之间的碰撞"[11]。按照这一观点，个体追求自主性，在不可控之物面前遭遇失败，由此产生了抑郁症。然而，不可控、不可化约或陌生之物如同无意识一样，是否定性形象，在积极性过剩的功绩社会中，它们并不是决定性要素。

弗洛伊德认为，他者内化为自我的一部分，自我和被内化的他者之间的毁灭性关系便是抑郁症。通过这种方式，原本个体和他者之间的矛盾被内化了，转化成和自我的冲突关系，从而导致自我的困窘和自我攻击。当今的功绩主体患有抑郁症，患病的前提条件却不是消失的个体和他者间的冲突关系。其中并不存在他者的层面。导致抑郁症和最终精力枯竭的原因在于，过度紧张的、过量的、自恋式自我指涉，这种自我关注带有自我毁灭的性质。疲惫的、抑郁的功绩主体在不断地消耗自我。在同自身的战斗中，他因为自身而困苦不堪。现代功绩主体没有能力从自身中抽离，无法抵达外在和他者，无法进入世界，只能沉湎于自身之中，却导致了矛盾的结果——自我的瓦解和空虚。他将自己困在一架不断加速、围绕自身旋转的疯狂竞争（Hamsterrad）之中。

新媒体和信息交流技术也逐渐消除了自我同他者的关联。数码世界缺少他者和反抗力量。在虚拟空间中，自我甚至能够摆脱“现实原则”任意移动，现实原则即一种他者的、对抗的原则。自恋式自我在虚拟空间中主要面对自身。虚拟化和数字化进程将导致对抗的现实世界逐渐消失。

现代晚期的功绩主体拥有过量的选择，因此没有能力建立一种密切的联结。抑郁症患者身上，一切关联被解除，包括同自身的联系。悲伤和抑郁症的区别体现在，前者和客体之间存在强烈的力比多关联（starke libidinöse Bindung）。抑郁症则没有客体，因此没有明确的方向。抑郁症和抑郁也应当被区分开来。抑郁以一种缺失的经验为前提，因此它尚且处于一种关系之中，即和缺席之物的一种否定性关联。与之相反，抑郁症则切断了一切关系和联结。

当一个承载大量力比多的客体消失时，便产生了悲伤。悲伤者完全沉浸于对他者的爱恋中。现代晚期的自我却将大部分的力比多能量投注到自身之上。剩余的力比多被分配到不断增多的交流和短暂、肤浅的关系之中。这种关联是薄弱的，因此很容易把力比多从一个对象转移至新的对象。漫长、痛苦的“哀悼期”也便没有必要了。社交网络中的“朋友”承担的主要功能在于，提升个体的自恋式自我感受。他们构成了一群鼓掌喝彩的观众，为自我提供关注，而自我则如同商品一样展示自身。

阿兰·埃亨伯格认为，抑郁和抑郁症之间仅仅存在量的差别。抑郁曾经只属于少数精英，被民主化为如今的抑郁症：“如果说抑郁曾经是一个独特群体的属性，那么抑郁症则显示这种独特性已然变得大众化。”[12] 抑郁症是一种“平等化的抑郁，是民主社会的典型疾病”。埃亨伯格认为，在这样一个时代中，尼采曾预言过的自主的人 (der souveräne Mensch) 大量出现，抑郁症便是这一时代的产物。按照这种观点，抑郁症患者因为其自主性而精疲力竭，他没有力量做自己的主人。由于持续不断地追求主动性，他变得疲惫不堪。埃亨伯格提出的抑郁症病原学理论陷入了一个悖论，因为抑郁概念形成于古代，当时尚不存在疲倦的功绩主体。一个古代的抑郁者完全不同于抑郁症患者，后者没有能力“做自己的主人”，亦缺少“成为自己的激情”[13]。

患有抑郁症的功绩主体不是自主的“超人”，而更多地是“末人”。与埃亨伯格的观点相反，尼采的超人恰恰是疲倦的功绩主体的对立面。超人是悠闲的。尼采反对过度活跃。“强大的灵魂”拥有“宁静”，他“行动迟缓”并“对一切过于活跃之物感到厌恶”。在《查拉图斯特拉如是说》中尼采写道：“你们所有热爱苦工的人，你们热爱快速、新颖和陌生之物。你们无法承受自身，你们的辛劳是一种逃避，是意图忘却自我。如果你们更加相信人生，你们便不会拜倒在瞬间面前。然而你们的内在缺少足够充实的内容去等待——甚至也不能偷懒。”[14] 缺少了牵引自我的万有引力，便会产生疾病。每个人都有义务“必须成为他自身”，“只属于他自身”，这一绝对命令取消了联结彼此的引力。

然而，尼采的文化批判存在一个问题，他完全忽视了经济发展的影响。他提出的终极形式，即自我拥有一个固定的“内涵”，对于资本主义生产关系来说过于僵化。换言之，终极形式阻碍了资本主义生产的加速发展。当功绩主体保持开放、灵活的状态时，他能够最有效地进行自我剥削，因此他成了“末人”。

抑郁和歇斯底里或悲伤一样，是否定的现象，而抑郁症则是和过度的积极性相关联。在埃亨伯格看来，抑郁症是抑郁的民主化形式，这一观点忽视了二者的根本性差异。应当从别处寻找抑郁症和民主制的关联。按照卡尔·施密特的理论，抑郁症是民主制的典型症状，由于民主制失去了决定的力量，缺少能够产生决议的强权。

埃亨伯格仅仅从个体的心理和病理学角度考察抑郁症，而忽视了其经济背景。并非自主的人为了“成为自己的主人”耗尽力量，从而导致了抑郁症。过度劳累作为一种病理现象，更多地是由心甘情愿的自我剥削所导致。个体面对扩展、转化、创造个人的命令，这一命令的背面便是抑郁症，它同时需要一定数量的身份选项。人们越频繁地更换身份，便需要开发越多的选项。在工业时代的规训社会中，个体拥有固定不变的身份，而后工业时代的功绩社会则需要灵活的个体身份，以便不断提高生产效率。

埃亨伯格认为，冲突的缺失导致了抑郁症："抑郁症盛行的原因在于冲突的缺失，主体概念以冲突为基础，这种主体概念是19世纪末期留给我们的遗产。"[15]这种冲突模型主导了经典的精神分析学。病人如果能够意识到，他的内在心理中存在冲突，换言之，如果他将自身提升到意识层面，那么他便痊愈了。冲突模型以压抑、否定为前提。因此，它不再适用于当今的抑郁症，因为其中全然不存在否定性。尽管埃亨伯格注意到，冲突的缺失导致了抑郁症，然而在解读抑郁症时他却继续沿用了冲突模型。在他看来，抑郁症以一种隐蔽的冲突为基础，由于抗抑郁药的出现，这种冲突变得更加隐秘，“一方面是实现自我的神圣信条，另一方面是对功绩的崇拜，二者使冲突变得越来越不明确，并失去了其稳定的主导地位，然而冲突却没有消失”[16]。不同于埃亨伯格的观点，功绩主体不允许负面情绪出现，因此也不会累积形成冲突。功绩主体不断追求提高效率，这种压力剥夺了他的语言能力。他同时也失去了处理冲突的能力，因为这项工作需要耗费大量时间。相比之下，服用抗抑郁药则简便得多，可以使他快速地恢复功能和效率。

如今，对抗不存在于不同的群体、意识形态或阶级之间，而存在于个体之间，埃亨伯格认为，这一转变是导致功绩主体危机的主要原因，但事实并非如此。[17]个体之间的竞争并不是问题所在，而是个体的自我指涉，即和自我的竞争激化成为一种绝对的竞争。功绩主体同自我抗争，从而陷入一种毁灭性的压力之中，他必须不断超越自身。这种自我剥削，伪装成自由的形式，并以死亡为终结。精力枯竭便是这种绝对化竞争的后果。

在规训社会向功绩社会的转型过程中，超我被积极化为理想的自我。超我是压抑性的。它的主要功能是发布禁令。超我具有“严厉、残酷、压倒性的约束力”，以及“严酷的限制和无情的禁令”，并以此控制自我。有别于压抑性的超我，理想的自我富有魅惑性。功绩主体按照理想的自我形象构造自身，而规训主体则屈从于超我。构造和屈从是两种不同的存在状态。超我产生了一种否定的约束。与之相反，理想的自我对个体形成一种积极的压力。超我的否定性限制了自我的自由。按照理想自我去建构自身则被视作一种自由之举。自我被困在一个永远无法达到的理想自我之中，因此变得日益消沉疲惫。由于真实自我和理想自我之间存在鸿沟，从而产生了一种自我攻击。

现代晚期的功绩主体不屈服于任何人。事实上，他已经不再是一个主体，因为主体的根本属性即是屈从（subject to）。他把自我积极化，解放自我，使其成为一个建设项目。从主体转化为项目却没有消除束缚。曾经来自他者的约束如今变为自我约束，后者却伪装成自由。这一发展变化同资本主义生产关系存在密切关联。当生产力达到一定程度时，自我剥削比他者剥削更有效率，功能更加强大，因为自我剥削伴随着一种自由的感觉。功绩社会是自我剥削的社会。功绩主体不断剥削自我，直至精力枯竭。他发展出一种自我攻击，并往往以自我毁灭为终结。建构自我的项目（Projekt）如同一枚子弹（Projektil），功绩主体开枪瞄准自身。

在理想自我面前，真实的自我是一个失败者，他被淹没在自怨自艾中。自我同自身发动战争。在这场战争中没有胜利者，因为胜利意味着胜利者的死亡。功绩主体在胜利的同时走向毁灭。积极社会摆脱了一切来自他者的约束，却陷入了毁灭性的自我束缚。因此，精力枯竭、抑郁症等精神疾病成为 21 世纪的流行病，它们都带有自我攻击的特征。病人对自身施加暴力、剥削自我。自我形成的暴力取代了他者的暴力，前者的破坏力更大，由于受害者生活在一种虚假的自由感之中。

神圣人最初指由于犯下罪行被逐出社会的人。人们可以杀害神圣人，而不会因此受到惩罚。独裁者拥有绝对的权力，他能够推翻现行的法律制度。他代表了立法权，他处于法外之地，同时和法律产生关联。独裁者无须被赋予权力，他享有制定法律的特权。在特殊的情况下，他能够取消现行的法律制度，从而产生一个法律真空地带，在这里他对其他人拥有绝对的支配权。神圣人的产生便是君权的最初产物。他的生命是赤裸的，由于他处于法律之外并随时面对被杀害的危险。

在阿甘本看来，人类生活的政治化，只有通过和统治权力产生关联才能够实现，即“只有通过完全听凭一种掌控生死的绝对权力”[18]。赤裸的、随时面对死亡威胁的生命和至高权力总是相互依存："在现代社会，我们习惯于通过公民权利、自由意志以及社会契约等概念来理解政治空间，与此相反，从至高权力的角度看，只有赤裸的生命才是真正的、政治的存在。"[19]那"暴露在死亡面前的生命"是"最初的政治存在"。"政治的原始形式"是一种禁令、绝罚，它产生了"神圣人的赤裸的生命"。至高权力和神圣人的赤裸生命，二者存在于同一秩序的两个极端。相对于至高权力，所有人都是潜在意义上的神圣人。

阿甘本关于神圣人的理论依然坚持否定的模式。施暴者和受害者，绝对君权和神圣人，是彼此明确区分的对立概念。在阿甘本看来，绝对君权和神圣人的赤裸生命，"位于一个秩序的两个极端"。阿甘本所论述的特殊状态是一种否定的状态。与之相反，功绩社会中的神圣人则处于一种绝对的正常状态，即一种积极的状态。阿甘本忽视了在权威社会向功绩社会转化过程中发生的权力转变。

功绩主体脱离了一切外在统治机构，这些外在机制剥削他，迫使他劳动。功绩主体只听命于自身。外在统治机构的消亡并没有取消强制结构。如今，自由和束缚融为一体。功绩主体投身于一种自由的约束之中，即追求效率最大化。他进行自我剥削。剥削者同时是受剥削者，也是施暴者和受害者、主人和奴隶。为了提供效率，资本主义制度把他者剥削转化为自我剥削。功绩主体把自己视作自由人（homo liber）、拥有绝对主权的个体，实质上却是神圣人。功绩主体既拥有绝对主权，同时也是神圣人。自由人和神圣人合为一体。通过这种悖论的方式，至高权力和神圣人在功绩社会中仍然相互依存。

阿甘本声称，所有人都是潜在的神圣人，由于我们全部处于至高权力的统治下，因此都面对绝对的死亡威胁。阿甘本的诊断不符合当今社会的特征，现代社会已经不再是绝对君权的社会。如今，把我们变为神圣人的绝罚并非来自至高权力，而是来自对效率的追求。功绩主体幻想自己是自由人，拥有绝对主权，却处于效率的禁令之下，使自身成为神圣人。

埃亨伯格关于抑郁症的理论也忽视了功绩社会内部的系统暴力。他在很大程度上把暴力置于心理层面，而忽视了经济、政治因素。因此，埃亨伯格注意到功绩主体患有心理疾病，却没有从中发现新自由主义的统治关系，即雇主变成了自身的奴隶。

资本主义经济制度把生存绝对化。人们生活在一种幻觉中，即更多的资本能够创造更长久的生命。生命和死亡被严格、僵硬地区分开来，生命也因此被蒙上了恐怖、僵化的阴影。为了生存，人们患上了歇斯底里症，而不再关心如何更好地生活。[20]生命被简化成一种生物机能过程，生命变得赤裸，褪去了一切装饰和叙事。然而，生命远比生物机能和健康要复杂、丰富，简化的生命失去了活力。当生命变得赤裸，如同一枚钱币，并且空洞无物，缺乏任何叙事性内容，这时便产生了健康狂热症。由于社会的原子化和公共事业的退化，个体仅剩下自我的身体，因此要不惜代价地维护它的健康。为了保持健康，赤裸的生命取消了一切目的论、一切企图。这种健康是自我指涉的，其内在是空洞的，一种无目的的目的论。

在功绩社会中，神圣人的生命同样是神圣、赤裸的，但是基于完全不同的原因。他的生命是赤裸的，由于褪去了一切超验维度，仅剩下此在的、裸露的生命，只能用尽一切办法试图将之延长。健康被奉为新的神明。[21] 因此赤裸的生命变得神圣。有别于极权社会中的神圣人，功绩社会中的神圣人还拥有一个特点，即他是无法被杀死的。他的生命如同僵尸一般。他过度活跃，以至于他既不能死去，也毫无生气。

神圣时间
——禁锢在没有节日的时代

如今，我们生活在一个没有节日的时代。什么是节日？语言自身已经向我们揭示了它的本质。人们在德语中说，我们庆祝（begehen）一个节日。庆祝和节日这一特殊时刻联系在一起。“庆祝”一词取消了一切目的，人们无须为了抵达某处而刻意前往。由于节日的存在，时间不再是一连串飘忽即逝、仓促的时刻。人们在庆祝节日时，如同巡视（begehen）一个空间，逗留其中。庆祝（das Begehen）和消逝（das Vergehen）是相反的。在节日庆典中，一切都不会消散而去。在这一意义上，庆典时刻是永恒的。

哲学家伽达默尔在《美的现实性》中论述了艺

术和节日的特殊关联，它们拥有一种共同的时间性："艺术带来一种特殊的时间体验，我们因此学会了停留。也许，这种体验最好地对应于人们通常所谓的永恒。"[1] 节日是不会消逝的时刻。它是一种特殊意义上的神圣时间（Hoch-Zeit）。

卡尔·科雷尼（Karl Kerényi）这样描述节日的本质："节日不是纯粹的人的劳作，不是通常的履行义务，从日常的角度出发，人们既无法理解也不会庆祝节日。必须有神性的参与，才能使平日里不可能之事变得可能。人们将踏入一个更高的领域，在这里一切都'如同诞生的第一天'，闪烁着光芒，崭新、'初次'地呈现；人们和诸神同在，自身也拥有了神性，在创世的神性气息中，人们也参与了创造。这便是节日的本质。"[2] 节日是一件不寻常之事、一个特殊的场所，在其中人们与神同在，自身也变成了神。当人们游戏时，神感到喜悦；人类为了神灵而游戏。如今，我们生活在没有节日的时代，也因此失去了和神的联结。

柏拉图的对话录《法律篇》中写道："人生来便是作为神的玩具，事实上这是人所拥有的最好的特质。因此每一个人，男人和女人，都必须遵从这种方式，在最美妙的游戏中度过一生。""人应当在游戏中生活……献祭、歌唱、跳舞，如此才能获得神的恩宠。"献祭仪式的起源便是同诸神分享食物。节日和仪式是通向神的渠道。

一般而言，当我们从事劳作或生产时，我们便不再与神同在，也失去了自身的神性。诸神不进行生产，亦不工作。也许我们也应当重新回归神性和节日，不再甘愿忍受工作和效绩的奴役。我们应当意识到，如今由于工作、效率和生产变得绝对化，我们失去了一切节日和神圣时刻。工作时间变得极端化，它破坏了一切节日和庆典。

放慢速度并不会使我们重新获得神圣时刻。在神圣时刻，我们既不能加速也不能减速。如今盛行的高效主义者没有意识到，提高或降低工作速度不能解决我们当下的时代危机。我们需要一种新的生活形式，一种新型叙事，由此产生一个新时代、一种新的生命状态，把我们从飞转的停滞状态（rasender Stillstand）中解救出来。

节日和庆典都拥有宗教的源头。拉丁语中 feriae 意指用于从事宗教和崇拜活动的特殊时刻。fanum 是“属于神的圣地”。当平凡的（pro-fane 字面意思是：位于神圣领域之外）日常生活结束时，节日便开始了。它以一场仪式开始。人们进入了节日的神圣时刻。这些门槛、通道和仪式区分了神圣和日常领域，一旦它们被取消，便只剩下庸常的、转瞬即逝的时间，并且全部被用于工作。如今，由于工作时间的绝对化，神圣时间已消失殆尽。即便是工作中的间歇时刻也是紧张的。休息的目的在于，使我们从疲劳中复原，以便我们继续正常工作。

神圣时间是充盈的，工作时间则是空虚的，后者仅仅不断地在无聊和忙碌之间来回重复，以此填满时间。与之相反，节日在一个瞬间内实现了一种提升的强烈生命体验。当下的生活越来越缺乏强度。健康的生命仅仅是存活，它是一种极端弱化的生命形式。

如今我们是否还能拥有节日？尽管节日依然存在，然而却不再拥有其原本意义。德语和英语中的“节日”（Fest，festival）都来自拉丁语的*festus*。后者意指“用于宗教活动的特定时间”。如今的节日仅仅是一次事件、一场热闹的活动。事件和节日的时间属性是相反的。事件（event）来自拉丁语的*eventus*，表示“突然出现、发生”。它的时间属性是偶发性。偶发性全然不同于神圣时间的必然性。前者正是当下社会的写照，一切约束和关联都消失了。

当下的功绩社会同样显示出规训社会的特征，每个人都经营着自己的营地，这是一座劳动营。其特殊之处在于，人们同时是犯人和看守，受害者和施暴者，主人和奴仆。我们进行自我剥削。剥削者即被剥削者，二者已经无法分辨。为了更高效地工作，我们不断优化自身，直至死亡。以这种恐怖的方式，自我完善被理解为绩效的提升。

自我剥削比他者剥削更有效率，由于前者伴随着一种自由的感觉。看似矛盾的是，过劳症的最初症状是一种极度狂喜。患者无比兴奋地投入工作之中，直至最终崩溃。

在使用计时钟（Stechuhr）的时代，工作和休息的时间尚且是明确分开的。如今车间厂房和起居室已经融为一体。随时随地工作成为可能。笔记本电脑和智能手机构建了一座移动的劳动营。

传统意义的革命拥有明确的目标，推翻工作场所中的异化关系。“异化”意指，工人在工作中无法辨认出自己。在马克思看来，工作是一种延伸的自我去现实化（Sich-Entwirklichung）。我们现在生活在一个后马克思时代。在新自由主义政权中，剥削不再是以异化和去现实化的方式进行，而变成了自由和自我实现（Sich-Verwirklichung）。这里没有作为剥削者的他者，而是自我心甘情愿地压榨自身，基于一种完善自我的信念。个体实现自我，直至死亡。自我优化通向死亡。在这一语境下，反抗、起义和革命已经不再可能。

我们生活在一个独特的历史阶段，自由本身产生了束缚。规训社会的“应当”产生了种种规定和禁令，与之相比，自由的“能够”甚至带来了更多的束缚。“应当”尚且存在界限，“能够”，却没有边界，它是开放的、没有上限。因此，“能够”导致的约束是无尽无际的。我们也便处于一个矛盾的境况。自由原本是约束的对立面，意指免除束缚。自由曾作为约束的反面，如今却导致了束缚。抑郁症和过劳症等心理疾病便体现了这种深刻的自由危机。它们是一种病理学征兆，自由如今已经转化成束缚。也许过去的社会较如今更加压抑，然而我们并没有变得较为自由。抑郁症替代了他者的压迫。

生命在现代变成了生存。生存导向对健康的狂热崇拜，却产生了矛盾的结果，健康带来了疾病和僵死。失去了死亡的否定性，生命自身僵化成死亡。否定性能够赋予生命以活力。阿多诺在《最低限度的道德》（*Minima Moralia*）中写道："无限蔓生的健康便成了疾病。它的解药是认清自己的病症，同时意识到生命自身的局限。这种拥有治愈功能的疾病便是美。它能够使生命停歇，从而阻止其衰退。如果人们为了生命的缘故而否认疾病，那么这种遗世独立的生命，盲目地摆脱了其他一切因素，也将因此转向毁灭和罪恶，走向无耻和自鸣得意。如果有人憎恶毁灭，那么他必须同时厌恶生命，因为只有死亡才等于永不衰退的生命。"[3] 在当今的生存型社会中，健康变得绝对化，也因此失去了美。赤裸的、健康的生命，如今成为一种歇斯底里的生存形式，最终转变成死亡和活死人。我们变成了健康、健身式僵尸，效绩和肉毒杆菌僵尸。如今，我们在生时形同已死，在死前只能偷生。

人并非为工作而生。工作的人是不自由的人。在亚里士多德看来，自由人是那些无须顾虑生计、摆脱了其束缚的人。在他面前有三种自由的生命形式可供选择，第一种生命用于享受美的事物，第二种用于为城邦施行善举，最后一种是沉思的生命，通过探索那永不消逝者，而停留在永恒的美的领域。因此真正的自由人是诗人、政治家和哲学家。

他们区别于那些仅仅以生存为目的的生命形式。商人的生命只以牟利为目的，因此是不自由的。汉娜·阿伦特认为，上述三种自由的生命形式拥有一个共性，他们都存在于美的领域，即和他们相伴的事物都不是必需之物，并非为了满足某些特定的目的。拯救美同时也是拯救政治。当下的政治似乎仅剩下紧急命令，它失去了自由。换言之：如今已经不存在政治。当政治中不再有其他可能性，它便近乎专政，即资本的独裁。如今，政治家降格为体制的傀儡，至多算是有天赋的管家或记账员，他们不再是亚里士多德式的政治家。

从根本上说，政治家的生命由行动构成。他的生命不屈从于必需性和实用性的法则。人类的共同生活必然需要种种社会组织。基于这一必要性，这些组织不属于政治。必要性和实用性都不是政治范畴。作为自由人的政治家必须行动，他必须施行善举，创造美的生活形式，从而超越必需性和实用性。例如，他应当试图改变社会，尽可能地带来更多的正义和幸福。政治行动意味着，开启一个全新的项目，或建构一种新的社会形态。按照那种著名的论断，只存在一种唯一的政治形式，实则宣告了政治的终结。如今的政治家工作繁忙，却没有采取行动。

新自由主义导致了大量的不平等，它不是美的政体。英语中 fair 一词既表示“公正”，也表示“美”。fagar（中古德语）也表示“美丽”。Fegen（清扫）一词最初的含义是“使某物发光”。fair 的双重含义表明，“美”和“公正”最初是同一个概念。公正被认为是美的。正义和美之间存在着特殊的通感关系。

哲学家阿甘本认为，世俗化意味着事物的去目的化，即事物摆脱了其原本的功能，获得了更加自由的效用。“儿童把他们能触碰到的一切杂物都转化成玩具，包括那些通常被我们严肃看待的事物，例如属于经济、战争、法律等领域的事物。一辆汽车、一把手枪、一份法律合同都在顷刻间变成了玩具。”[4]

在金融危机期间，希腊发生了一个颇具预言意味的事件。一群孩子在一片房屋的废墟中发现了一大捆纸币。他们用完全不同的方式使用了这笔钱。纸币被用于游戏并且被撕成碎片。也许孩子们预演了我们的未来：世界变成一片废墟。在那里我们如儿童一般用纸币进行游戏，并最终将之撕毁。如今，资本被奉为新的神明，希腊这群孩子却通过游戏的方式，使钱变得世俗化。世俗化改变了作为偶像的资本，它在顷刻间成了玩具。

这一事件显得非同寻常，由于它恰恰发生在一个陷入资本奴役的国家，一个饱受新自由主义暴政困扰的国度。这里确实存在一种资本和金融资本的恐怖统治。发生在希腊的这个偶然事件带有强烈的象征意义。它如同一则关于未来的寓言。如今我们正需要使工作、生产和资本世俗化，使工作时间世俗化，把它转变成节日和游戏时间。

此外，美也来源于节日。卡尔·科雷尼写道："为了节日盛装打扮，在节日时展示美，这是凡人所能达到的最接近神的状态：这也正是节日的本质，它为了艺术而存在，庆典和美之间存在天然的亲缘关系，没有任何一个民族如同希腊人一样出色地展示这一点，并如此完美地掌握祭拜仪式。"[5]在美、节日和祭拜的领域，希腊人达到了神奇、卓越的高度，没有任何其他欧洲民族和他们一样创造了如此多的荣光和美。甚至"美容"（Kosmetik）一词也来自希腊语中的"宇宙"（Kosmos），意指美的、神性的秩序。

艺术和节日紧密地联结在一起。在尼采看来，原始的艺术即庆典的艺术。艺术品是一种具体化明证，见证了一个文化中的神圣时刻。在其中，转瞬即逝的、日常的时间被取消了。“在过去，一切艺术品都陈列于人类举行庆典的长廊，作为神圣时刻的凭证和纪念碑。”艺术品起初是神圣时刻的纪念物。它们是一个文化神性时间的证明。起初艺术只存在于祭拜仪式中，是一种礼拜活动。艺术品最初也拥有神圣意义。如今艺术品的神性已消失殆尽。神圣意义被展览价值和市场价值取代。艺术品也不再出现在庆典上，而被安放于博物馆和银行的保险柜里。博物馆和银行保险柜成为艺术最终的蒙难所。它们是零时间（Null-Zeit）场所，是无时间性的。

艺术品最初是一种宣言，宣示了一种浓烈、富足、华美的生命形式。如今，生命的强度逐渐弱化。生命转变成消费和社交。爱让位于色情产业。一切都被抹平，成为一种极端的弱化形式。正是基于这种平庸的状态，信息、交流和资本得以加速传递。生产和效率也因此提升。

如今，只有当事物被展示出来并得到关注时，才拥有了价值。我们在脸书上展示自我，也因此把自身变成了商品。生产（Produktion）最初并不意味着制造或加工，而是展示、呈现某物。在法语中，“生产”的这一原始意义仍然存在，Se produire 意味着“登场，呈现自身”。在德语中，这一含义也体现在词组 sich produzieren（自我生产）中，尽管是在贬低的意义上表示“炫耀地展示自身”。如今，我们的确狂热地在社交网络上“生产自我”。我们加工自我，为了便于生产和加速信息交流。生命变成了商品，导致了仪式和庆典消失。因为在庆典中，我们耗费物资，而不从事生产。

如今一切都屈从于资本。生命价值意味着，一个人作为客户所能创造的价值总和，由于生命的每个时刻都被商品化了。人的价值被简化为客户价值或市场价值。完整的生命被转化为纯粹的商业利益。在如今

的超资本主义 (Hyperkapitalismus) 中，人的存在彻底瓦解，融入了商品关系编织的网络。没有一个生活领域能够摆脱商业的控制。超级资本主义把一切人类关系变成了商业关系。它剥夺了人类的尊严，取而代之的是彻底的市场价值。

在现代世界，一切神性和节日已不存在。世界成了一座百货商店。所谓的共享型经济（Sharing-Ökonomie）把我们每个人变成了售货员，期待着顾客的到来。我们用越来越劣质的快消品填满世界，世界在商品中窒息。这座百货商店和疯人院并无本质区别。看上去我们似乎拥有了一切，我们却失去了最根本之物，即世界。世界丧失了语言和声音。在交流的喧哗声中，宁静消失了。商品的堆积和大众化填满了一切空白。商品占据了天空和地面。商品化的世界不再适于居住，它失去了和上帝、神圣、奥秘、无限、崇高的联结。我们亦失去了惊奇的能力，生活在一座透明的百货商店里，成为透明的顾客，时刻受到监视和操控。逃离这座百货商店成为当务之急。我们应当把商店改造成一个庆典场所，在其中生命才能获得应有的意义。

注　释

[1] 有趣的是，在社会学和生物学讨论之间存在相互影响。科学不能脱离原始的、非科学的前提条件。例如冷战末期，在医疗免疫学领域发生了一场范式转移。美国免疫学家珀丽·玫沁歌（Polly Matzinger）指责旧有的、冷战时期的免疫模式。按照玫沁歌的理论，免疫系统并非区分自我和非我、个人和他者，而是在友善和危险之间划定界限。（参见：Polly Matzinger, Friendly and dangerous signals: is the tissue in control?, in: *Nature Immunology*, vol. 8, n. 1, 2007, S. 11-13.）免疫防御的对象不再是异己或他者，而是陌生的入侵者，他们在个体内部从事破坏活动。只要他者不采取攻击，那么便不会引发免疫防御机制。在玫沁歌看来，相比人们的传统看法，生物免疫系统要更加友善好客。它并不患有陌生人恐惧症。相较于患有陌生人恐惧症的人类社会，生物免疫系统要更为明智。人类社会拥有一种病态的、过激的免疫反应，这种免疫模式甚至损害了它自身的发展。

[2] 海德格尔的思想也显示出免疫学的影响，比如他严厉地谴责

"等同"（das Gleiche），并将之与"一致"（das Selbe）对立。与"等同"相反，"一致"拥有一个内在世界，一切免疫反应都以这一内在空间为基础。

[3] Roberto Esposito, *Immunitas. Schutz und Negation des Lebens*, Berlin 2004, S. 7.

[4] Jean Baudrillard, *Die Transparenz des Bösen. Ein Essay* über *extreme Phänomene*, Berlin 1992, S. 75.

[5] Ebd., S. 86.

[6] Ebd., S. 54.

[7] Jean Baudrillard, *Der Geist des Terrorismus*, Wien 2002，S. 85.

[8] Ebd.，S. 86.

[9] Ebd.，S. 20.

[10] Alain Ehrenberg, *Das erschöpfte Selbst. Depression und Gesellschaft in der Gegenwart*, Frankfurt a. M. 2008，S. 14.

[11] Ebd.，S. 155.

[12] 尼采的"末人"将健康奉为神明："他们崇拜健康。'我们找到了幸福'——末人说着，眨眨眼睛。"（*Also sprach Zarathustra, Kritische Gesamtausgabe*, 5. Abteilung, 1. Band, S. 14.）

[13] 自由的原始含义即和否定性联系在一起。它永远是一种受约束的自由，以免疫学式的他者为出发点。当过度的积极性消灭了否定性时，自由也便失去了意义，由于它起源于否定之否定的辩证关系。

[14] Walter Benjamin, *Gesammelte Schriften* Bd. II/2, Frankfurt a. M. 1977, S. 446.

[15] Benjamin, *Passagen-Werk*, *Gesammelte Schriften* Bd. V/1,

Frankfurt a. M. 1982, S. 161.

[16] 梅洛-庞蒂写道："我们常常忘记了流动的、多重含义的表象，穿过这些表象我们直接触碰到它们所代表的事物本身。"（Maurice Merleau-Ponty, *Das Auge und der Geist. Philosophische Essays*, Hamburg 1984, S. 16.）

[17] Ebd.，S. 15.

[18] Nietzsche, *Menschliches, Allzumenschliches* I, Kritische Gesamtausgabe, 4. Abteilung, Bd. 2, Berlin 1967, S. 236.

[19] 与阿伦特的看法相反，在基督教传统中也并非仅盛行沉思生活（Vita contemplativa），而是更多地追求一种积极生活和沉思生活之间的调和状态。例如，圣格里高利（der Heilige Gregor）写道："人必须知道：一个好的人生要求，人从行动的生命过渡到沉思的生命，随后灵魂再从沉思的生命回归至行动的生命，这种回归往往是有益的。内心燃起了沉思的火苗，能够使行动达到完美的境界。行动的生命必须将我们指引向沉思，沉思起源于我们内心所见之物，并召唤我们重新回归行动。"（转引自：Alois M. Haas, Die Beurteilung der *Vita contemplativa* und *activa* in der Dominikanermystik des 14. Jahrhunderts, in: *Arbeit Muße Meditation*, hrsg. von B. Vickers, Zürich 1985, S. 109-131, hier: S. 113.）

[20] "人的出生便构成了奇迹，借由他的出生，人以行动创造新的开端。……圣诞剧中宣告'福音'的那句话——'一个孩子为我们诞生了'，以最简洁、美好的方式表达了如下事实——人在世间怀有信念，并对世界抱有希望。"（Hannah Arendt, *Vita activa oder Vom tätigen Leben*, München 1981，S. 317.）

[21] Ebd.，S. 406.

[22] Ebd.，S. 409.

[23] Ebd.，S. 411.

[24] Ebd.

[25] Nietzsche, *Menschliches, Allzumenschliches* I, a. a.O., S. 235 f.

[26] 海德格尔的“恐惧”和萨特的“恶心”都是典型的免疫反应。存在主义哲学强烈体现了免疫学的影响。存在主义强调自由，正是基于他者或外来者的危险性。上述两位哲学家的著作恰好说明，20 世纪是一个免疫学的时代。

[27] Baudrillard, *Transparenz des Bösen*, a. a.O., S. 71.

[28] 德勒兹写道：“尽管巴托比患有紧张症和厌食症，但他不是病人，而是医生，他医治病态的美国。他是医生，是新的基督，是我们所有人的兄弟。”（*Bartleby oder die Formel*, Berlin 1994, S. 60.）

[29] 在德文译本中，“防火墙”（Brandmauer）和“黑黢黢的砖墙”（blinde Ziegelmauer）都失去了和死亡的联系。

[30] Agamben, *Bartleby oder die Kontingenz*, Berlin 1998, S. 33.

[31] Ebd.，S. 13.

[32] Ebd.，S. 40.

[33] Peter Handke, *Versuch über die Müdigkeit*, Frankfurt a. M. 1992.

[34] 康德和列维纳斯的伦理学理论都是以免疫学的逻辑建构的。例如，康德的道德主体是宽容的，这是一个典型的免疫学范畴。宽容的对象即是他者。康德的伦理学是一种否定性的伦理学，黑格尔以其认同理论（Theorie der Anerkennung）把这种学说发展到极致。列维纳斯则恰恰相反，他把自我的免疫

容忍度降到零点。自我面对来自他者的“暴力”，因此受到了绝对的挑战。列维纳斯的伦理学着重强调他者，因此带有免疫学的痕迹。

倦怠社会

[1] Sigmund Freud, »Das Ich und das Es«, in: ders., *Das Ich und das Es. Metapsychologische Schriften*, Frankfurt a. M. 1992, S. 294.

[2] Immanuel Kant, *Die Metaphysik der Sitten*, hrsg. von W. Weischedel, Darmstadt 1983, S. 573.

[3] Ebd.

[4] Ebd.，S. 574.

[5] Immanuel Kant, *Kritik der praktischen Vernunft*, hrsg. von W. Weischedel, Darmstadt 1983, S. 239.

[6] Richard Sennett, *Verfall und Ende des öffentlichen Lebens. Die Tyrannei der Intimität*, Berlin 2008, S. 563.

[7] Ebd.，S. 581.

[8] Freud, »Das Ich und das Es«, S. 268.

[9] Alain Ehrenberg, *Das erschöpfte Selbst. Depression und Gesellschaft in der Gegenwart*, Frankfurt a. M. 2004, S. 273.

[10] Ebd.，S. 277：“在拥有无限可能的时代里，抑郁症代表了不可控的因素。我们能够操控我们的精神和身体属性，我们能够通过各种方式解除我们的限制，然而这些操作不能带给我们自由。限制和自由改变了自身的形态，然而‘不可化约之

物’却并未减少。”

[11] Ebd.，S. 275.

[12] Ebd.，S. 262.

[13] Ebd.，S. 199.

[14] Friedrich Nietzsche, *Also sprach Zarathustra. Ein Buch für alle und keinen (1883—1885)*, in: *Nietzsche Werke. Kritische Gesamtausgabe*, hrsg. von Giorgio Colli und Mazzino Montinari, 6. Abteilung, 1. Band, Berlin 1968, S. 52 f.

[15] Ehrenberg, *Das erschöpfte Selbst*, S. 11.

[16] Ebd.，S. 248.

[17] 参见上书，第 267 页：“个体间的竞争取代了不同群体间的斗争。……我们正在经历一种双重的现象：一方面，不断扩张但却依然抽象的全球化进程；另一方面，同样不断增长的、切实可感受的个体化进程。人们能够同时对抗一位主管或一个敌对的阶级，然而人们如何去对抗全球化发展呢？”

[18] Giorgio Agamben, *Homo sacer. Die Souveränität der Macht und das nackte Leben*, Frankfurt a. M. 2002, S. 100.

[19] Ebd.，S. 116.

[20] 亚里士多德认为，单纯地追求资本是应受谴责的，由于人将仅仅关注生存，而不关心好的生活。“在一些人看来，这便是经营财产的目的。他们还进而捍卫如下观点，人们必须守护自己的财富，并试图无限地增加财富。这种观念的基础在于，辛勤地为生活操劳，然而却不是为了好的生活；由于这种欲求是无限的，因此人们寻找无限的可能性去实现欲求。”（*Politik*, 1257b.）

[21] 尼采的“末人”将健康奉为神明：“他们崇拜健康。‘我们找到了幸福’——末人说着，眨眨眼睛。”（*Also sprach Zarathustra, Kritische Gesamtausgabe*, 5. Abteilung, 1. Band, S. 14.）

神圣时间

[1] Hans-Georg Gadamer, »Die Aktualität des Schönen. Kunst als Spiel, Symbol und Fest«, in: ders., *Ästhetik und Poetik 1. Kunst als Aussage*, Tübingen 1993, S. 136.

[2] Karl Kerényi, *Antike Religion*, Stuttgart 1995, S. 43 f.

[3] Theodor W. Adorno, *Minima Moralia. Reflexionen aus dem beschädigten Leben*, in: ders., *Gesammelte Schriften,* Bd. 4, Frankfurt am Main 1980，S. 87.

[4] Theodor W. Adorno, *Minima Moralia. Reflexionen aus dem beschädigten Leben*, in: ders., *Gesammelte Schriften,* Bd. 4, Frankfurt am Main 1980，S. 73.

[5] Karl Kerényi, *Antike Religion*, S. 49.